Olhares Urbanos

Dados Internacionais de Catalogação na Publicação (CIP)
(Câmara Brasileira do Livro, SP, Brasil)

Olhares urbanos: estudos sobre a metrópole comunicacional / Ricardo Ferreira Freitas, Janete da Silva Oliveira (orgs.). – São Paulo : Summus, 2011.

Vários autores.
Bibliografia
ISBN 978-85-323-0710-1

1. Cidades 2. Comunicação 3. Comunicação de massa 4. Comunicação social 5. Consumo (Economia) 6. Espaços urbanos 7. Meios de comunicação 8. Mídia 9. Sociologia urbana I. Freitas, Ricardo Ferreira. II. Oliveira, Janete da Silva.

11-04563 CDD-302.23

Índices para catálogo sistemático:
1. Cidade e comunicação : Comunicação social e ciências sociais 302.23
2. Comunicação e cidade : Comunicação social e ciências sociais 302.23

Ricardo Ferreira Freitas
Janete da Silva Oliveira
(orgs.)

Olhares urbanos

Estudos sobre a metrópole comunicacional

summus
editorial

OLHARES URBANOS
Estudos sobre a metrópole comunicacional

Editora executiva: **Soraia Bini Cury**
Editora assistente: **Salete Del Guerra**
Capa: **Daniel Rampazzo / Casa de Ideias**
Imagem da capa: **Shutterstock / Yu Liang Wong**
Projeto gráfico e diagramação: **Casa de Ideias**
Impressão: **Sumago Gráfica Editorial**

Summus Editorial
Departamento editorial
Rua Itapicuru, 613 – 7º andar
05006-000 – São Paulo – SP
Fone: (11) 3872-3322
Fax: (11) 3872-7476
http://www.summus.com.br
e-mail: summus@summus.com.br

Atendimento ao consumidor
Summus Editorial
Fone: (11) 3865-9890

Vendas por atacado
Fone: (11) 3873-8638
Fax: (11) 3873-7085
e-mail: vendas@summus.com.br

Impresso no Brasil

Sumário

Apresentação

Observe a cidade e sinta as palavras e as coisas que dela emergem e nela existem. Leia a cidade, regozije-se, revolte-se e mude seu cotidiano urbano se assim achar melhor. Escolha uma de suas inúmeras facetas e brinque com ela. A cidade grita, chora, resmunga, sussurra, ouve, sente. Ela, sobretudo, responde. Entre evidências e surpresas, a cidade produz permanentemente sentidos e significados para cada um de seus habitantes.

Sabemos que nas cidades acontece boa parte das produções midiáticas e, portanto, produções de opinião no dia a dia. Seja por meio de novelas, programas de auditório, jornais e revistas, entre tantas outras opções, a cidade se vê representada e cria novas representações todos os dias, a cada emissão comunicacional. A própria cidade, aliás, pode ser vista e interpretada também como um meio de comunicação. Ela exala sentidos o tempo todo.

Sem medo, o conjunto de artigos desta coletânea nasceu da necessidade e do desejo de pesquisadores em comunicação social e ciências sociais de pensar a cidade, seus espaços, suas contradições e suas narrativas. Nos artigos aqui reunidos, o habitante das cidades também é um ser comunicacional. Todo o tempo, mesmo que não queira. Para expressar esse imaginário, reunimos textos sobre audiovisual, especialmente TV e cinema, assinados por Layne do Amaral Pereira, Luiz Eduardo Neves Peret e Rafael Nacif de Toledo Piza. Sobre os espaços urbanos e o consumo, Janete da Silva Oliveira e Ricardo Ferreira Freitas estudam os *shopping centers* e suas funções no capitalismo tardio desenvolvido nas metrópoles. Mônica Sousa e Vania Oliveira Fortuna enriquecem a coletânea com suas análises sobre a mídia impressa e as representações da violência urbana. Em todos os textos, a comunicação e a cidade estabelecem diálogos permanentes, muitas vezes até confundindo-se uma com a outra.

O objetivo principal que une o grupo de autores é o de promover a discussão sobre o uso, a percepção e a representação dos espaços urbanos e seus personagens por meio da análise de diversas mídias, propiciando, assim, novas contribuições ao campo teórico da comunicação no que diz respeito ao tema "cidade". Por trás desse objetivo, queremos oferecer material pedagógico a alunos e profissionais de comunicação social, ciências sociais e áreas afins sobre a temática "comunicação e cidade".

Hoje, os estudos sobre as cidades ocupam as prateleiras das bibliotecas e muitas buscas acadêmicas na internet. Temas como sociologia urbana ou antropologia urbana atraem centenas de interessados a cursos, seminários e congressos. No entanto, a área de comunicação social ainda não se consolidou quanto às discussões sobre as cidades.

Ao mesmo tempo, o consumo invadiu todos os espaços da contemporaneidade e gerou várias mudanças na percepção que indivíduos e empresas têm acerca do funcionamento da vida social. Por esse motivo, os intelectuais voltam seus olhares para as questões derivadas desse fenômeno, notável principalmente nas grandes metrópoles.

Por fim, em tom mais pessoal, devo dizer que esta coletânea é fruto do desejo de reunir trabalhos que tive a honra de orientar no Programa de Pós-graduação em Comunicação da Universidade do Estado do Rio de Janeiro (Uerj). Devido à qualidade das pesquisas, sentia o dever acadêmico de publicá-las e socializá-las, de modo a oferecer ao público as pistas que foram desenvolvidas por excelentes alunos. Para essa tarefa, a fim de organizar o livro, pedi a colaboração da minha primeira orientanda de mestrado, Janete da Silva Oliveira, cuja dissertação se aproximava muito do trabalho que desenvolvi durante anos sobre *shopping centers*. Assim, aproveitei a oportunidade e acrescentei um capítulo de minha autoria, contextualizando e atualizando alguns resultados da tese de doutorado defendida em 1993, na Sorbonne.

Nossa intenção é provocar o leitor, e a academia em geral, a incorporar os estudos urbanos nos programas de graduação e pós-graduação nas áreas de comunicação social e ciências sociais. Este é o início de uma luta.

Ricardo Ferreira Freitas

capítulo um

Comunicação e espaços urbanos de consumo: o imaginário dos *shopping centers*

Ricardo Ferreira Freitas

A economia consumista se alimenta do movimento das mercadorias e é considerada em alta quando o dinheiro mais muda de mãos; e sempre que isso acontece alguns produtos de consumo estão viajando para o depósito de lixo. Numa sociedade de consumidores, de maneira correspondente, a busca da felicidade [...] tende a ser redirecionada do fazer coisas ou de sua apropriação para sua remoção.

Bauman, 2008, p. 51-2

Para Bauman, a sociedade moderna de produtores foi gradualmente se transformando em uma sociedade de consumidores. Neste artigo, interessa-nos essa perspectiva ao analisarmos os espaços de consumo nas grandes cidades, em especial os *shopping centers*. Inspirado na minha tese de doutorado defendida em 1993, na Universidade Paris V, este trabalho discute as relações de convivência intramuros que encontram seu ponto de convergência no consumo. Nas discussões propostas, levamos em consideração a noção de pós-modernidade como momento avançado, mas não tardio, da modernidade.

Centros comerciais, *shopping centers*, *malls*: três denominações para essas construções contemporâneas, vistas como templos, catedrais ou assembleias do consumo. A princípio concebidos como conjuntos de lojas e denominados centros comerciais, esses estabelecimentos conquistaram a preferência do público e aumentaram seus raios de ação, incluindo restaurantes e opções de lazer. No momento em que se transformaram em "minicidades" com estacionamentos, restaurantes, brinquedos para as crianças, cinemas e teatros, passaram a chamar-se *malls* (sobretudo nos Estados Unidos e no Canadá). A etimologia da palavra inglesa remonta ao francês arcaico "mail", que significa "aleia, passeio delimitado por árvores", do latim "malleus", "martelo" e, por extensão, "aleia reservada para o jogo da choca" (jogo de bola em que esta é rebatida com um pau grosso). Em inglês, a variação da palavra que nos interessa é exatamente aquela que coincide com o francês: grandes espaços lineares semelhantemente utilizados como lugar de passeio ou caminhos ao longo de uma estrada (Mathieu-Rosay, 1985, p. 311).

Essas abstrações etimológicas nos dão algumas pistas sobre a essência do nascimento do *marketing* desses estabelecimentos: segurança em alamedas construídas entre grades e muros. A segurança sempre é assinalada pelos usuários como um motivo importante para escolher os *malls* como opção de compras ou de passeio. Em algumas cidades onde a violência urbana é inquietante, os *shopping centers* tornam-se uma excelente opção de lazer "sem perigo" para os consumidores. Uma mistura da liberdade do espaço público com a garantia do privado.

Comprando na história

Na Alta Idade Média, as feiras e os mercados eram lugares de vida econômica ativa. Em certas regiões da Europa onde as feiras eram anuais ou semestrais (eventos "separados" do mercado local periódico), elas representavam uma mistura entre feriado e festa religiosa, ocasião e manifestação de diversas atividades econômicas. Importantes praças bancárias e oportunidades de múltiplas decisões.

No fim do século XIV, boa parte da Europa apresenta uma sociedade pré-corporativista e voltada para os mercados. Uma nova atitude em relação à ideia de lucro aparece. A descoberta de novos lugares de comércio no Ocidente e no Oriente, a evolução da contabilidade e a criação da Bolsa de Antuérpia colaboram para que a Europa atravesse os séculos XV e XVI com um novo "tempo" nas relações comerciais. Simultaneamente, os movimentos artísticos e intelectuais concorrem para uma nova interpretação sobre o tempo. Segundo Durkheim, todo o século XVI foi tomado por essa grande revolução intelectual. Foi somente quando ela terminou que a luta, já começada contra o poder espiritual, continuou contra o poder temporal (Durkheim, 1971, p. 131).

Nos séculos XVII e XVIII, a afirmação da burguesia introduz novos valores mercantis ao imaginário urbano. A Igreja sofre algumas deteriorações, mas mantém sempre muito do poder de decisão política e social. A técnica começa a integrar o imaginário social e a impor a noção de velocidade. Para Weber, a tendência à racionalização da técnica e da organização econômica, com a finalidade de baixar os preços em proporção aos custos, gerou durante esses séculos uma perseguição febril à invenção. Todos os inventores da época criam sob a égide da baixa de custos de produção. Nesse quadro, a ideia do movimento perpétuo como fonte de energia é só um emblema, entre outros, dessa tendência completamente geral (Weber, 1991, p. 331).

A partir da Revolução Industrial, a produção em série é conjugada ao domínio de distribuidores e comerciantes. Ao longo do século XIX, as economias se tornam mais abertas ao exterior. Com seu novo e formidável impulso, o comércio internacional muda de natureza: a mercantilização de especiarias dos séculos precedentes é substituída por negócios de matérias-primas de base e de produtos industriais.

A era industrial chega ao seu auge, os métodos de produção se aperfeiçoam, enquanto acontece uma revolução nos conceitos de consumo. Os negócios modernos buscam novos ambientes, próprios ao seu desenvolvimento como as passagens de pedestres e os centros de comércio localizados. As condições estavam criadas: o século XIX percebe o poder da publicidade e constrói várias galerias, passagens, arcadas e lojas de departamentos. O consumo entra definitivamente no imaginário social. Michel Ragon descreve a difusão da ideia do mercado fechado em Paris, antes de Haussmann:

> [...] entre os teóricos de um urbanismo moderno e social, a ideia de passagens cobertas, da climatização parcial da cidade, reaparecia sempre. Vários arquitetos se aplicaram a começar essa climatização em passagens cobertas nas quais o pedestre tinha, ademais, a vantagem de estar separado dos veículos [...].[1] (Ragon, 1986, p. 194)

Hoje, as galerias e passagens se cristalizam no tempo e se transformam em pontos de atração turística. Em Paris, por exemplo, a galeria Véro-Dodat, as arcadas do Palais Royal, a passagem Colbert, a galeria Vivienne, a passagem Choiseul e a dos Panoramas, entre outras, são típicas dessas vias de consumo e de passeio, que tiveram seu apogeu no século XIX, período no qual o metro quadrado na cidade já era bem caro e havia um presságio do que, mais tarde, se veria nos *malls*: as butiques, as bebidas, a paquera. Michel Ragon (*ibidem*, p. 195) deplora: "Hoje, tenta-se arduamente retornar a este sistema (passagens cobertas para pedestres) com certos 'shopping centers' e supermercados".

Esses são os mesmos elementos que as lojas de departamentos utilizaram. Dizia-se em 1865, época da inauguração do primeiro Printemps, que o empreendimento era uma espécie de "catedral comercial". Assim concebido, poder-se-ia pensar que esse espaço serviria somente à burguesia: sua arquitetura grandiosa, os salões de chá e labirintos repletos de cores se aproximavam de uma sedução objetal totalmente ligada à estética e à sociabilidade da classe burguesa. Pecado do consumo, o Printemps estimulava o que uma verdadeira catedral não deveria estimular: a vaidade. Uma vaidade de massa – as grandes lojas se tornaram muito populares.

1. Tradução livre do autor deste artigo.

Isso não quer dizer que todos os frequentadores comprassem, mas todos eles podiam, pelo menos, ver os objetos. O apetite coletivo ao encontro com o objeto ingressa definitivamente no imaginário social; a bem dizer, poder-se-ia mesmo ousar pensar em uma espécie de vaidade coletiva. Nesse contexto, as grandes lojas de departamentos passaram a ser um importante ponto de referência, utilizadas como atrações turísticas e também integradas ao cotidiano social. Do fim da Segunda Guerra Mundial até os anos 1970, o número desses investimentos dobrou na França. Mas, nos anos 1970 e 1980, foram substituídos pelos hipermercados e pelos *shopping centers*.

É na base das lojas de departamentos que se começa a dar valor aos hipermercados: menos caros, horizontais, mais acessíveis aos carros e com *self-services*. Nos anos 1950, nos Estados Unidos, por causa dos engarrafamentos de veículos e pedestres nos polos comerciais, o público queria fazer suas compras e passear em lugares onde se pudesse estacionar os carros tranquilamente. Mistura de rancores e de entusiasmo, o pós-guerra apresenta vários labirintos à sociedade urbana: a explosão da comunicação de massa, o *marketing*, a criação dos hipermercados, entre outros.

Nesse momento, a "confusão comunicacional" se manifesta em algumas regiões do mundo: Londres, Paris, Nova York, São Paulo, Buenos Aires e Tóquio são exemplos de cidades que pedem socorro, que precisam desesperadamente de grandes áreas, que explodem em seus processos de comunicação. Tinha de haver *shopping centers*, tinha de haver informática de massa, tinha de haver as redes.

Nesse contexto surgem os *malls* como os conhecemos hoje: grandes construções, geralmente fechadas, com um bom número de opções de lazer e consumo. Eles passam a representar, mais do que nunca, a síntese de um impressionante universo de atividades de consumo, um novo modo rápido de estar em contato com as últimas "histórias" do mundo. Um lugar onde se pode comprar diversos objetos caminhando apenas alguns metros, onde se podem namorar objetos de diversas naturezas.

Está claro, atualmente, que os hipermercados, assim como os *shopping centers*, fazem parte do imaginário do consumo das grandes cidades do mundo. De fato, nos últimos anos, os dois se apresentam juntos; apesar da autonomia arquitetônica dos hipermercados, vários deles são erguidos, hoje em dia, no conjunto das construções dos *shopping centers* (às vezes dentro, às vezes ao lado).

Os conjuntos arquitetônicos dos *shopping centers*, especialmente os horizontais localizados nas periferias das cidades, passam a ser, então, cada vez mais simulacros da "cidade ideal". Richard Sennett, em seu trabalho sobre a "cidade humana" (1992, p. 153-245), delineia uma pequena trajetória de algumas propostas humanas para a concepção das cidades nas quais sempre se nota a idealização dos centros. Centros para os passeios e para as descobertas. Segundo ele, nos tempos modernos, a cidade se tornou ilegível, isolando seus habitantes em um urbanismo anônimo. Aproveitaremos sua interpretação para transportar essa necessidade de criação de "centros", sintomas das sociedades ocidentais dos últimos séculos, ao imaginário pós-moderno: o homem continua a construir centros, mas, agora, centros perdidos na confusão pós-industrial. Nesse contexto, a tecnicidade e as redes de comunicação contrariam suas próprias razões de ser: longe de unir seus habitantes em uma existência comum, elas os isolam. Sennett associa o urbanismo anônimo às mudanças radicais entre os limites da vida pública e os da vida privada provocadas pelo consumo e pela comunicação.

Nesse sentido, recorremos ao excerto de Robert Shields sobre o desenvolvimento dos *shopping centers* em diversos países do mundo, no qual ele faz um interessante exame da transmodernidade do mercado como lugar de intercâmbio social e de comércio:

> Como se opostos a algo novo, *pós*-moderno, a socialidade e os espaços públicos sobreviveram assim à repressão na modernidade e nos períodos anteriores, quando eram o coração da vida comunitária, como o mercado e as praças da cidade, locais de carnaval e da vida cotidiana. Apesar de seu modo

> específico ter mudado, eles conservaram uma forma cultural reconhecível. Neste sentido, os espaços de comunidade, de socialidade, são *trans*modernos, existentes antes, durante e após a modernidade [...] os "shopping malls" se tornaram os centros comunitários de fato e os mercados se tornaram lugares turísticos [...].[2] (Shields, 1992, p. 110)

Podem-se interpretar as palavras de Shields por meio de uma concepção de mercado como lugar do "sempre", que encontra no *shopping center* a estética da contemporaneidade. Ele é, portanto, transmoderno como espaço da mercadoria e pós-moderno como representação ética e estética do mercado contemporâneo (de um mercado transnacional) – lugar de simulações, espetáculos e sociabilidade.

Uma proposta sobre o imaginário dos *shopping centers*

Com a expansão progressiva dos *shopping centers*, a academia se pergunta sobre o papel dessas novas ágoras no cotidiano das cidades. Esse interesse reflete não só toda a interrogação dos anos 1960 sobre a sociedade de consumo (contracultura, apelos generalizados à paz, críticas feitas às *mass media*), mas também as observações de vários intelectuais do final do século XX e do início do século XXI sobre a massificação dos costumes e a globalização das metrópoles. Hoje, observa-se mais claramente que, em vez de lutar contra uma antiga ideologia capitalista, tem-se de, em primeiro lugar, tentar compreender esta sociedade que parece ter o dinheiro como única referência.

Todas as partes da economia se sustentam e reagem umas com as outras, o tempo parece ser sempre o do dinheiro; o debate nas ciências sociais e na comunicação deve, portanto, preocupar-se com o caráter multidimensional e transnacional de uma economia dirigida

2. Tradução livre do autor deste artigo.

pelos fluxos monetários, como se vê na obra de Moscovici (1988), que deixa clara a necessidade de estudar o dinheiro nas ciências do homem. De fato, deve-se considerar também que a "classe média" dos anos precedentes se horizontalizou e se mundializou, tornando assim mais complexo o próprio significado de "classe", como bem nota Alain Touraine quando diz que "a noção de movimento social deve substituir a de classe social" (1992, p. 282).

A classe média parece abrir espaço para um movimento que atinge um segmento bastante extenso da população mundial, ainda que o mundo continue dividido entre pobres e ricos. Devemos considerar que existe um movimento generalizado e mundial de consumo na pós-modernidade, uma obrigação da marca transnacional: Adidas, McDonalds, Dior... Um estudo sobre os *shopping centers* sinaliza, para as ciências sociais e para a comunicação, um possível apoio à compreensão do panorama transnacional do consumo. Fenômeno mundial que se espalha até o campo, levando os códigos das metrópoles para o interior dos países, o *shopping center* parece propor um ambiente onde as últimas tendências da moda se misturam sem barreiras.

No caso do Brasil, por exemplo, em matéria de moda, não existe modelo específico, não são mais os arquétipos do Rio de Janeiro e de São Paulo que dominam os códigos no país, é uma fórmula transnacional – alguma coisa que existe ao mesmo tempo em Paris, em Buenos Aires ou em Nova York. Uma reterritorialização que esboça uma nova geografia baseada em redes que tanto podem existir em espaços das cidades como na *web*.

O *mall* provoca essa experiência de "ligações", formas de sociabilidade itinerantes e imediatas que parecem idênticas em qualquer região do mundo. Isolamentos coletivos que se multiplicam dentro das cidades: espaços solitários ou pseudossolitários. Solidão eufemística e contraditoriamente agravada pela comunicação social. Tudo isso nos inspira a pensar no regime noturno das imagens de Gilbert Durand, no regime das estruturas místicas e sintéticas do imaginário, no regime da eufemização do destino e da morte. Fusão e aliança para escapar da morte inspirada na violência e na poluição.

> O Regime Noturno das imagens estará constantemente sobre o signo da conversão e do eufemismo. O primeiro grupo de símbolos que estudaremos se constitui por uma pura e simples inversão do valor afetivo atribuído às caras do tempo. O processo de eufemização traçada já em nível de uma representação do destino e da morte, que era, entretanto, sem ilusões, vai se acentuando até chegar a uma verdadeira prática da antífrase pela inversão radical do sentido afetivo das imagens. O segundo grupo estará centrado na busca e na descoberta de um fator de constância no seio mesmo da fluidez temporal e se esforça a sintetizar as aspirações para além da transcendência e das intuições imanentes do porvir. Tanto em um como noutro grupo há uma valorização do Regime Noturno das imagens, mas em um caso a valorização é fundamental e inverte o conteúdo afetivo das imagens, é então mesmo no seio da noite que o espírito procura sua luz e a queda se eufemiza em descida e o abismo se minimiza em golpe, enquanto no outro caso a noite é apenas necessária propedêutica do dia, promessa indubitável da aurora.[3] (Durand, 1992, p. 224)

O *shopping center* é um lugar de eufemização do terror exterior, o que não impede a existência de extremos e de metáforas. Seu eixo metafórico interior é muito forte com todos os apelos ao consumo e ao lazer. Ao utilizarmos a expressão "eufemização", queremos dizer que os *shopping centers*, com sua proposta de segurança física, proporcionam um ambiente relativamente seguro no qual escondem ou semialienam, por alguns instantes, os problemas sociais da sociedade exterior.

Pluralidade e homogeneidade. Outras duas palavras para pensar a pós-modernidade. Regimes noturnos e diurnos de imagens que se consolidam no reino da overdose de comunicação. Os centros comerciais participam desse imaginário de multicentrismo e de proliferação de informações e de objetos que inundam a contemporaneidade.

---

3. Tradução livre do autor deste artigo.

A cidade contemporânea é, nesse contexto, um emaranhado de comunicações que acontecem nas mídias tradicionais, de massa ou dirigidas, mas também nos prédios e nos corpos que transitam pelos mais diversos espaços metropolitanos. Cada vez mais esquartejadas com *shopping centers*, condomínios fechados e centros empresariais, as metrópoles, entretanto, produzem uma série de mensagens nas ruas abertas a qualquer cidadão. Ainda existem espaços verdadeiramente públicos como as praias no Rio de Janeiro e os bosques de Paris, porém assistimos a um número cada vez maior de privatizações dos espaços.

Shopping centers: espaços públicos?

Na análise de Abraham Moles e Elizabeth Rohmer sobre a rua da cidade e seus microeventos, três espaços fundamentais fazem parte da cidade no plano legal: o meu espaço (sou eu que domino), e o espaço do outro (é ele que domina); o espaço da potência pública (é o policial que domina). É neste último que se situa a rua. Para os dois autores, nas cidades em geral, o centro deverá adicionar o espaço semipúblico, onde se é quase obrigado a consumir: a loja, a butique, o bar, os quais têm um *status* intermediário, já que todos que pagam podem entrar e sair (1982, p. 139).

O trabalho de Moles e Rohmer permite-nos visualizar a situação intermediária de algumas construções da pós-modernidade, como os *shopping centers*. Essa análise nos conduz a ver o centro comercial ao mesmo tempo como espaço semipúblico (compras) e espaço público (passeio). Lugar no qual a esfera veicular do consumidor ou daquele que simplesmente passeia entra em contato com inumeráveis microeventos estéticos – uma espécie de "cidade animada", como diria Abraham Moles.

Por outro lado, os estudos de Habermas acerca das sociedades capitalistas avançadas propõem também uma reflexão interessante sobre o conceito de coisa pública. Após o desenvolvimento e a influência da publicidade no cotidiano das cidades, suas reflexões nos obrigam a repensar o que hoje seria verdadeiramente público e o que seria mais publicitário (formal e informal) do que público. Para o autor, a reconsideração do modelo do espaço público passa pela oposição de dois domínios fundamentais da comunicação, cujo caráter político não pode ser negligenciado: de um lado o complexo das opiniões informais, pessoais e não públicas; de outro, o das opiniões formais, reconhecidas pelas instituições (1978, p. 255).

De fato, o *shopping center* mistura bem os dois domínios de comunicação de Habermas: o formal (por meio da comunicação social oficial) e o informal (as relações anônimas ou de passagem) – os dois misturados e influenciados pela publicidade e pelas marcas tradicionais. Para pensar o *mall*, é preciso que esta discussão também passe pela dificuldade da definição de públicos e das razões de compra. Dessa mistura de públicos, são irradiadas as mais diferentes comunicações, o que colabora com a impressionante efemeridade de códigos de agrupamentos cotidianos.

O produto, como veículo de comunicação, permite aos diversos arquétipos presentes nos centros comerciais interagir por meio de um jogo de máscaras tribal e transnacional. Poder-se-ia mesmo dizer que o público dos *malls* é uma macrotribo que se reconhece por suas vitrines; o sentimento de transnacionalidade traz certo gosto tribal em nível mundial. Procuramos proteção nos códigos universais da grande aldeia global a qual todos pertencemos. Comunidades de destino, planetárias por *flashes*. Eis o público do centro comercial: uma mistura das mais diversas manifestações sexuais, políticas e estéticas, que se reagrupam em várias aldeias.

Os *shopping centers* e a comunicação cotidiana

Pública e privada. Interna ou externa. Aberta ou fechada. Diferentes maneiras possíveis de pensar a comunicação e suas redes no cotidiano social da pós-modernidade. No entanto, essas dicotomias mostram toda a fragilidade das tentativas de delimitar a ação social do homem e da comunicação. Desde que haja um motivo comum, como em um jogo, o cidadão está sempre "convidado" a participar de um estar-junto (Maffesoli, 1990, p. 76) e, portanto, colaborar com novas explosões de comunicações que não necessariamente respondem a questões dicotômicas.

Neste trabalho, preferimos pensar em uma valorização do anonimato e da heteronomia no cotidiano, mais do que em uma determinação inevitável do homem privado. A sociedade pós-moderna, com seus celulares, a internet e os bancos de dados, nos impede de ter uma visão clara da noção de vida privada. Estamos sempre ligados com o resto do mundo, seja por meio de um objeto, seja por meio do satélite. A mesma sociedade de consumo que nos convida ao conforto empurra-nos para uma comunicação permanente, uma espécie de obrigação do *feedback* forçado: caixas postais, *e-mails*, pesquisas de opinião. O homem contemporâneo não é nem público nem privado: é anônimo e heteronômico.

O *shopping center* reforça um estilo descontraído e "quase-alienado", espaço da inação e, ao mesmo tempo, espaço simbólico do excesso. O excesso, a abundância de informações e de produtos, provoca essa necessidade de lazer da inação como resposta à fadiga do discurso político e das propostas lineares. Uma resposta que sofre toda a contradição da pós-modernidade no nosso exemplo: a inação acontece em lugares cheios de comunicações, como o *shopping center*.

Deve-se compreender que essa inação não implica uma não comunicação. Utilizamos a noção que Michel Maffesoli (1990, p. 76) emprega como *fundamento do prazer do estar-junto*, isto é, um momento de passeio, consumo, devaneio, no qual o lazer passa também pelo prazer de não fazer nada junto a outros. O homem contemporâneo escolhe um ambiente no qual está mais certo de encontrar a cor e a efervescência que já não encontra no discurso político contemporâneo; prefere uma comunicação que caracteriza a fantasia como filosofia para o cotidiano.

Com a rapidez da contemporaneidade, os lugares da discussão privada mudaram e começaram a ter contato com novas formas públicas de discussão. Um fluxo contínuo de informações que misturam discursos formais e informais. Essas opiniões são utilizadas como argumentos da comunicação social (dirigida ou de massa), e sua mistura evidencia a multiplicação dos códigos e a pluralização de dados do cotidiano das grandes cidades. Isso pode ser percebido, por exemplo, pelos novos métodos que o *marketing* direto emprega para entrar na vida privada do homem – *mailing lists*, *telemarketing*, *e-commerce*. Estamos todos em listas, em forma de *targets*. Somos *suspects*, *prospects*, clientes e ex-clientes.

Outras considerações

O *shopping center* expõe as contradições contemporâneas: é público, mas não é comum a todas as pessoas. Seu universo simbólico utiliza a atualidade e a novidade como argumentos, porém esses espaços intramurais ocupam o imaginário da coisa pública, da rua. Um público ligado a todo mundo pelas redes de comunicação. Relações semianônimas, espaços semipúblicos.

Dentro dos *shopping centers* quase tudo é possível. E esse "quase" constitui o simulacro, o jogo e o espetáculo – ao mesmo tempo. Assim, o que o comerciante oferece não é rigorosamente a utilidade do produto, mas sua importância na qualidade de ornamento que se integra ao espetáculo. Como no teatro, o objeto tem uma linguagem relativa que traduz o momento, a cena em ação; os profissionais de comunicação, de arquitetura, de *design* e de animação social tentam uma decoração espetacularmente elaborada para permitir diálogos e cenografias efêmeras entre público e objetos. Dentro do *shopping center*, o consumo torna-se lazer e magia também por meio da teatralização das relações sociais que procuram novos ritos de socialidade.

Esses exemplos nos mostram a importância para as ciências sociais de pensar o lazer e os *shopping centers* como assuntos de relevância, em que os códigos, os agrupamentos e as tribalizações locais estão lado a lado dos emblemas e serviços transnacionais. Vive-se um prazer coletivo baseado na troca de olhares e no estar-junto em passeio. Juntas, dentro dos *shopping centers*, as pessoas sublinham uma globalidade orgânica que lhes permite uma espécie de gozo estético coletivo. A segurança e a facilidade estão cercadas por uma felicidade estética plural, colorida e pré-fabricada.

Em cada canto, um álibi perfeito para justificar um passeio e/ou uma compra, constituindo uma rede permanente de comunicações efêmeras. Os personagens dessa rede festejam a moda, a pluralidade, a decadência do político e, sobretudo, a efemeridade e a instantaneidade nas relações sociais. Vê-se, dentro dos centros comerciais, uma microrrepresentação da massa conhecida como classe média até os anos 1960, uma classe/massa anônima e absolutamente representativa – o consumidor contemporâneo é a transfiguração pós-moderna do indivíduo da classe média moderna, ou mesmo do burguês. É aquele que passeia nos *shopping centers* e na internet. Aquele que faz parte de uma nova noção de multidão.

Referências bibliográficas

BAUMAN, Zygmunt. *Vida para o consumo*. Rio de Janeiro: Zahar, 2008.

DURAND, Gilbert. *Les structures anthropologiques de l'imaginaire*. Paris: Dunod, 1992.

DURKHEIM, Émile. *Le socialisme*. Paris: Retz-CEPL, 1971.

HABERMAS, Jürgen. *L'espace public: archéologie de la publicité comme dimension constitutive de la société bourgeoise*. Paris: Payot, 1978.

MAFFESOLI, Michel. *Au creux des apparences*. Paris: Plon, 1990.

MATHIEU-ROSAY, Jean. *Dictionnaire étymologique*. Alleur: Marabout, 1985.

MOLES, A. e ROHMER, E. *Labyrinthes du vécu: l'espace: matière d'actions*. Paris: Librairie des Méridiens, 1982.

MOSCOVICI, Serge. *La machine à faire des Dieux*. Paris: Fayard, 1988.

RAGON, Michel. *Histoire de l'architecture et de l'urbanisme modernes. 1. Idéologies et pionniers 1800-1910*. Bruxelas: Casterman, 1986.

SENNETT, Richard. *La ville à vue d'oeil*. Paris: Plon, 1992.

SHIELDS, Robert. *Lifestyle shopping: the subject of consumption*. Londres: Routledge, 1992.

TOURAINE, Alain. *Critique de la modernité*. Paris: Fayard, 1992.

WEBER, Max. *Économie et société*. Paris: Plon, 1974.

______. *Histoire économique: esquisse d'une histoire universelle de l'économie et de la société*. Paris: Gallimard, 1991.

capítulo dois

A cidade no cinema: a comunidade intramuros no filme de Shyamalan

Layne do Amaral Pereira

Os moradores descobrem, decepcionados, que, quanto mais seguros se sentem dentro dos muros, tanto menos familiar e mais ameaçadora parece a selva lá fora.

BAUMAN, 2003, P. 106

EM MEIO ÀS CONSEQUÊNCIAS DO PROCESSO DE GLOBALIZAÇÃO NAS sociedades contemporâneas, destacam-se, em especial, a nova configuração das metrópoles e o remodelamento do espaço público como lugar de interação social. A crise nas instituições públicas e a desigualdade social, aliadas ao crescimento da violência urbana, ocasionam uma modificação do espaço público que pode ser entrevista no cotidiano das grandes cidades. Em uma análise do que chama de "centros regionais emergentes" (cidades como São Paulo e Cidade do México), Canclini observa esse processo de decomposição do espaço urbano, onde a elite social se afasta do convívio com outros grupos, isolando-se dos conflitos urbanos por meio da "privatização de espaços supervigiados" (Canclini, 2003, p. 163).

Nesses espaços vigiados, a busca por uma comunidade onde a paz e a harmonia são visíveis e a violência aparentemente inexistente pode parecer uma utopia, mas a ideia de uma comunidade segura, "um lugar 'cálido', um lugar confortável e aconchegante", faz parte do imaginário dos que procuram essas novas formas de habitação e lazer. Apesar dos diferentes conceitos que a palavra "comunidade" possa apresentar, ela suscita um sentimento bom, conforme Bauman (2003, p. 7): "Ela sugere uma coisa boa: o que quer que 'comunidade' signifique, é bom 'ter uma comunidade', 'estar numa comunidade'".

Nesse contexto, o filme *A vila* (2004), de M. Night Shyamalan, pode ser visto como uma metáfora da busca dessa comunidade ideal, ilustrando como o desejo de se afastar dos conflitos do meio urbano é cada vez mais forte nas sociedades contemporâneas e como a forma de evitá-los segue o padrão já estabelecido de consumo: neste caso, o consumo da segurança. *A vila*, ao contrário da maioria dos filmes distópicos – do clássico *Metrópolis* (1927) ao recente *Substitutos* (2009) –, não retrata a desagregação social como um futuro nefasto ou relacionado à tecnologia. Esteticamente construído como um filme narrativo clássico, *A vila* inicia sua história com cenas de suspense características, retratando uma comunidade rural e isolada que é "assombrada" por criaturas que habitam a floresta vizinha. Ao longo da trama, porém, Shyamalan afasta-se da temática sobrenatural usual em seus filmes para revelar que a vila é, na verdade, uma grande reserva privada isolada das metrópoles por muros bem vigiados. A motivação, como será revelado, é o contemporâneo medo da violência urbana, e as criaturas são apenas ficções utilizadas como dispositivo de vigilância.

A ideia da comunidade

A ideia de uma comunidade pura, idealizada, foi abordada inicialmente por Ferdinand Tönnies, conhecido por criar a distinção fundamental entre "sociedade" e "comunidade". Segundo Tönnies, a comunidade (*Gemeinschaft*) se daria em uma fase pré-industrial, trazendo noções de integração baseadas em parentesco (laços sanguíneos), vizinhança (localidade) e amizade (pensamento). Na comunidade, as relações são típicas dos grupamentos pequenos, a princípio rurais, e sua motivação é afetiva e natural. A ideia de sociedade (*Gesellschaft*), ao contrário, seria uma criação da vida moderna, ligada à individualidade. É caracterizada por laços impessoais, anônimos, frieza e interesses egoístas, característicos da sociedade industrial. Sua motivação é mecânica, racional, em que cada um "se esforça pelo que é vantagem para si próprio e afirma as ações dos outros apenas para promover seu interesse" (Tönnies, 1955, p. 88). Para o sociólogo, comunidade e sociedade eram conceitos dicotômicos que existiam em temporalidades distintas, passando a comunidade por alterações até transformar-se em sociedade.

Émile Durkheim, embora também acreditasse que a sociedade tivesse surgido em um momento posterior, considerava que as relações nessa forma de agrupamento não possuíam apenas uma motivação mecânica. Ao contrário de Tönnies, Durkheim entendia que a *Gesellschaft* teria também um aspecto orgânico, natural, pois observava algumas semelhanças de atitudes nas pequenas vilas e nas grandes cidades.

De modo semelhante, Max Weber compartilhava a ideia de que a comunidade é anterior à sociedade, mas acreditava que a primeira não desaparece, mas sim coexiste com a sociedade, estando inserta nesta. Dessa forma, enquanto na *Gemeinschaft* tönniesiana prevalecem essencialmente as relações comunitárias, fundadas em um sentimento de pertencimento mútuo, na definição weberiana as relações sociais do tipo comunitárias e associativas encontram-se mescladas (Quintaneiro, 1995).

Apesar das diferenças observadas entre os três autores, é possível perceber algumas semelhanças na concepção clássica de comunidade. Embora a visão de Tönnies seja mais idealizada, o conceito traz, invariavelmente, associações a um modo de vida típico dos primeiros agrupamentos humanos, marcado pelo costume e pela tradição, em que prevalecem as relações afetivas, solidárias e de proximidade que podem ser vistas como um sentimento de pertença a uma localidade específica.

É esse tipo de comunidade "aconchegante" que *A vila* exibe em suas cenas iniciais. O filme retrata a existência de uma pequena comunidade rural e autossuficiente, controlada por um grupo de anciãos encarregados das decisões sobre o bem-estar de seus habitantes. A vila tem como fronteira a Floresta Covington, onde habitam criaturas ameaçadoras referenciadas como "Aqueles de quem não falamos". Um acordo firmado entre estes seres e os anciãos estabeleceu a não ultrapassagem das fronteiras, sinalizadas com a cor amarela. Com esse pacto, a harmonia na vila é visível. As cenas iniciais exibem *flashes* do cotidiano da comunidade: o almoço em longas mesas ao ar livre, típico das grandes famílias, crianças lavando a louça enquanto brincam com a água e meninas varrendo suas varandas aos rodopios, como se dançassem. Cada ato, em todos os espaços, remete ao modelo de comunidade ideal, em que a solidariedade é a norma, não a exceção.

Os anseios por esse tipo de comunidade, "um lugar cálido, um lugar confortável e aconchegante", foram abordados recentemente por Zygmunt Bauman (2003), em sua análise sobre a busca de segurança na contemporaneidade. Bauman esclarece a tensão existente entre o desejo de liberdade e a busca por segurança e mostra que, para que esta seja possível, é necessário que os limites da comunidade sejam estreitos e suas regras sejam seguidas à risca. Para que tal comunidade possa funcionar, ela precisa ser fiel à sua natureza, ao seu modelo ideal, devendo, para isso ser *distinta*, *pequena* e *autossuficiente*, de modo a atender a todas as necessidades dos seus membros (Bauman, 2003, p. 17).

A *autossuficiência* pode ser percebida em vários momentos do filme: a aldeia produz seus próprios alimentos, há um médico na comunidade, uma escola e até um "quarto do castigo", onde quem comete um desvio pode ser temporariamente encarcerado. A *distinção*, necessária para que seja clara a diferença entre os "de dentro" e os "de fora", também é ilustrada com precisão pela existência de fronteiras entre a vila e a floresta, delimitadas com bandeiras amarelas, a cor "segura". A *pequenez* significa ser visível para todos e tem como objetivo principal fortalecer a comunicação entre os membros da comunidade, evitando o contato externo. Esse aspecto também é percebido na narrativa do filme pela ausência de quaisquer meios de comunicação. Não existem telefones, rádios ou qualquer forma de contato com o exterior, com as "cidades".

O imaginário das cidades

O isolamento com o mundo externo é quase paradoxal numa época em que a informação ultrapassa fronteiras de maneira quase instantânea, e a busca pela segurança a qualquer preço torna-se sintomática quando essas informações exibem violência e insegurança aparentemente crescentes em cada canto do mundo. Esse imaginário das cidades como um lugar de conflito e perversidade, comum nas narrativas midiáticas contemporâneas, é ilustrado em vários momentos de *A vila*.

A cena de abertura mostra a imagem de um enterro. Um homem chora ao lado do caixão de seu filho, morto em consequência de uma doença. Após esse episódio, Lucius Hunt, o protagonista, manifesta aos anciãos seu desejo de cruzar as fronteiras em direção à floresta, a fim de buscar remédios. Lucius faz o pedido duas vezes, em diferentes ocasiões, e por duas vezes tem seu pedido negado. Sua mãe, apreensiva, questiona seu desejo de ir às cidades e, para dissuadi-lo da ideia, diz: "Não devemos falar das cidades, mas farei isso uma vez, e não falaremos novamente". A seguir, narra o assassinato de seu pai, avô de Lucius, que uma manhã saiu para ir ao mercado e não voltou, sendo encontrado "nu e assaltado em um rio, dois dias depois".

Lucius, transtornado, diz que é sincero em suas intenções, mas afirma que há segredos por todos os lados e aponta para uma caixa preta em um canto, indagando sobre seu conteúdo. A Sra. Hunt não o deixa abri-la e diz que sua presença é "para o infortúnio do passado ficar próximo, sem ser esquecido. Se esquecê-lo, permitirei que renasça". A caixa contém, como será revelado ao final do filme, recortes de jornais e lembranças do crime sofrido.

Esse relato do crime e a repetição das histórias ajudam a reorganizar a narrativa sobre o ocorrido, dando um novo sentido à experiência, vivenciada como um evento traumático que interrompeu o fluxo do dia a dia. Teresa Caldeira (2000), em um estudo sobre criminalidade urbana em São Paulo, observa que tais histórias são contadas em detalhes, deixando clara a situação anterior ao crime e mostrando de que forma este desorganizou a visão de mundo da vítima, dividindo sua história em antes e depois. Entretanto, a repetição da narrativa deixa de ser contada como uma experiência de rompimento e passa a reorganizar também o sentido do contexto social em que ocorreu:

> À medida que a história é contada e recontada, em vez de criar uma ruptura, o crime é exatamente o que organiza toda a narração, estabelecendo marcas temporais estáticas e emprestando suas categorias a outros processos. À medida que as narrativas são repetidas, o bairro, a cidade, a casa, os vizinhos, todos adquirem um novo significado por causa do crime, e sua existência pode ser realinhada de acordo com as marcas fornecidas pelo crime. (Caldeira, 2000, p. 33)

Essas narrativas acabam por simplificar o mundo e as experiências ao provocar uma cisão entre o antes e o depois. Se, por um lado, as histórias permitem que a vida seja reorganizada após a experiência traumática, por outro concebem uma visão maniqueísta e simplista do mundo, dividido entre o bem e o mal. No filme, em uma passagem final, essa visão é ilustrada quando o ancião-chefe, Walker, admite à sua filha que toda a história sobre as criaturas é uma farsa, motivada pelo desejo de se afastar do mal existente nas cidades. Ele conta sobre o assassinato de seu pai, avô de Ivy: "Um homem atirou na cabeça dele enquanto sonhava. Eu lhe digo isso para que entenda o motivo das minhas ações e das ações dos outros. [...] Não há ninguém nesta vila que não tenha perdido alguém, que não tenha sentido profunda perda a ponto de questionar a própria vida. É uma escuridão que gostaria que não conhecesse".

Espaço e segregação

É esse novo imaginário sobre as cidades que legitima a busca pela segurança privada, por meio da construção de enclaves fortificados e da contratação de guardas particulares. Caldeira (2000, p. 211) observou o surgimento dessas novas formas de habitação e modificação do espaço urbano:

> O principal instrumento desse novo padrão de segregação espacial é o que eu chamo de "enclaves fortificados". Trata-se de espaços privatizados, fechados e monitorados para residência, consumo, lazer e trabalho. A sua principal justificação é o medo do crime violento.

Tais enclaves são lugares extremamente semelhantes em sua organização do espaço. *Shopping centers*, escolas, hospitais, escritórios e condomínios de luxo possuem várias características em comum. São espaços públicos, isolados por muros e grades, com detalhes arquitetônicos e extrema organização. Suas entradas e saídas são protegidas por guardas, que não só cuidam da segurança de quem está dentro, mas também controlam o acesso de quem vem de fora. Crachás, câmeras de vigilância, interfones e portões são instrumentos cada vez mais comuns nos portais de acesso a esses novos espaços.

Nesses enclaves fortificados, o acesso é exercido por meio de uma "relação contratual", conforme aborda Marc Augé em relação aos não lugares. Augé conceitua os não lugares como espaços que não se definem como um lugar antropológico, espaços que não se transformam em um local de convivência, que não se marcam por aspectos identitários, relacionais ou históricos. Os não lugares seriam apenas pontos de trânsito, "espaços constituídos em relação a certos fins (transporte, trânsito, comércio, lazer) e a relação que os indivíduos mantêm com esses espaços" (Augé, 1994, p. 87).

O que estabelece o vínculo dos indivíduos com esses espaços é a mediação das palavras, espécie de senhas que definem seu modo de usar. Os indivíduos não interagem entre si diretamente, mas como usuários, mediante códigos de acesso – o *check-in* no aeroporto ou o ato de pagar uma conta no supermercado são os breves momentos em que o indivíduo sai do anonimato, "confirma sua inocência" e valida seu acesso a esses não lugares, aceitando as "regras do contrato".

> De certo modo, o usuário do não lugar é sempre obrigado a provar sua inocência. O controle *a priori* ou *a posteriori* da identidade e do contrato coloca o espaço do consumo contemporâneo sob o signo do não lugar: só se tem acesso a ele se inocente. As palavras aqui quase não funcionam mais. Não existe individualização (de direito ao anonimato) sem controle de identidade. (Augé, 1994, p. 94)

A autossuficiência desses enclaves e o excesso de segurança e grades, entretanto, produzem uma modificação no espaço público que torna evidente a segregação social. Os condomínios residenciais ultrasseguros anunciados nas propagandas das imobiliárias são quase sempre privilégio das classes sociais elevadas. Como diz Bauman, ao falar desses lugares como espaços bem-sucedidos de secessão:

> As "comunidades cercadas" pesadamente guardadas e eletronicamente controladas que eles [a elite] compram no momento em que têm dinheiro ou crédito suficiente para manter distância da confusa intimidade da vida comum da cidade são "comunidades" só no nome. O que seus moradores estão dispostos a comprar ao preço de um braço ou uma perna é o direito de manter-se a distância e viver livre dos intrusos. (Bauman, 2003, p. 52)

É importante notar aqui a diferença existente entre essas residências no Brasil, especialmente Rio de Janeiro e São Paulo, e nos Estados

Unidos. Enquanto as cidades brasileiras enfatizam a questão da segurança, não fazendo nenhuma alusão à ideia de uma vida em conjunto, nos Estados Unidos esse aspecto é quase sempre ressaltado e os condomínios recebem o nome de *gated communities*. A questão financeira, entretanto, é evidente e é mostrada também no filme. Em uma das cenas finais, Walker relata que seu pai era o "homem mais rico das cidades"; além disso, podemos observar, na cena em que Ivy ultrapassa os muros em direção às cidades, que a vila é na verdade uma imensa reserva animal de propriedade dos Walker, nome estampado nos bonés e veículos que cuidam da segurança da reserva.

Em uma análise sobre planejamento e gestão urbana no Brasil, Souza (2004) percebe essa configuração dos espaços públicos devido à violência urbana. O autor observa a separação física entre os espaços seguros das comunidades privilegiadas e os espaços excludentes, onde vivem as comunidades desprivilegiadas, muitas vezes territórios ocupados pelo tráfico e com total ausência do Estado. Essa separação não é apenas espacial, levando também à segregação social entre as classes:

> O enclausuramento voluntário implica um empobrecimento adicional da vivência da cidade e da experiência do contato com o Outro (seja ele o favelado, o suburbano etc.), conduz a autossegregação, indiretamente, ao reforço de preconceitos, na esteira da ignorância e do medo. (*Ibidem*, p. 61)

Além do isolamento e do empobrecimento das relações da comunidade, a falta de interação ocasionada pela segregação espacial pode levar à criação de estigmas e preconceitos acerca das camadas mais pobres. Os espaços onde o crime supostamente surge, nas favelas e cortiços, são comumente associados à criminalidade e seus habitantes, a criminosos.

Esse imaginário da favela como local do crime é abordado por Paulo Vaz no estudo *Pobreza e risco: a imagem da favela no noticiário do crime*. Vaz observa que a cobertura efetuada pela mídia elabora conexões entre a violência urbana e o tráfico de drogas, dissociando-o de certa forma da atividade que o caracteriza – o comércio ilegal de drogas – e relacionando-o a "toda sorte de assalto, tiroteio, falsa blitz e assassinato". Uma segunda relação percebida por Vaz mostra as favelas como lugar de origem dos traficantes, fechando o círculo que correlaciona as favelas à violência:

> Com a construção da associação entre tráfico e crime, favela e tráfico, e com a dissociação entre tráfico e comércio ilícito, o nexo que está sendo proposto aos moradores da cidade é entre a favela e toda sorte de violência que acontece no Rio de Janeiro. (Vaz, 2005, p. 5)

Barry Glassner, em sua análise sobre a cultura do medo[1], observa como o negro é estigmatizado como criminoso, apesar de ser a maior vítima de crimes violentos. Glassner critica a mídia pela cobertura desigual nas notícias sobre os crimes, de acordo com a vítima:

> A mais clamorosa omissão ocorre na cobertura jornalística sobre crimes. Os negros são muito mais vítimas do que autores de crimes. Porém, enquanto vítimas, não atraem os mesmos holofotes da mídia que atraem quando são os autores. (Glassner, 2003, p. 194)

Segurança pública *versus* segurança privada

Um aspecto também preocupante em relação a esses espaços vigiados diz respeito ao crescimento da segurança privada pela descrença na proteção oferecida pelo Estado. Esse aumento é comum não apenas no Brasil, mas em várias metrópoles mundiais desde meados dos anos 1990, quando o número de profissionais empregados em vigilância privada foi quase três vezes maior que o de policiais nos

1. *Cultura do medo*, de Barry Glassner, é o livro que inspirou o documentário *Tiros em Columbine* (Michael Moore, 2002).

Estados Unidos e cerca de duas vezes na Grã-Bretanha e no Canadá (Caldeira, 2000, p. 10).

A distância entre segurança pública e privada, porém, muitas vezes é tênue e as duas se misturam. O filme relata esse aspecto nas cenas finais, quando o guarda Kevin ouve a história de Ivy e resolve ajudá-la com a obtenção dos remédios para Lucius. Ao entrar no posto de vigilância para pegar os medicamentos, seu superior o adverte para não falar com estranhos: "Você quer um conselho? Não se meta em conversas. [...] É um trabalho fácil, Kevin. Manter e proteger a fronteira, só isso. Há alguns anos, saiu nos jornais que uns caras do governo foram pagos para impedir a passagem de rotas aéreas por esta área. Foi uma época estressante para mim. Não me cause problemas".

Essa mistura entre público e privado na segurança também é realidade nas cidades brasileiras, notadamente no Rio de Janeiro e em São Paulo, e alimenta um setor ilegal da segurança privada:

> Em sua maioria, as pessoas envolvidas com o mercado marginal de segurança privada são policiais ou ex-policiais, que não podem ser registrados como guardas privados. Em geral, eles usam armas da polícia e trabalham nos dias de folga, tirando vantagem de seu esquema de trabalho. (*Ibidem*, p. 202)

Esse esquema de desvio da função policial pública pode ocorrer ainda por meio da alteração das rotas de patrulhamento, quando os policiais, mesmo durante seu turno de trabalho, fazem uma segurança mais ostensiva nas áreas onde têm "acordos".

O desvio intramuros

Apesar de projetados para ser comunidades seguras e harmoniosas, os novos enclaves residenciais não podem evitar o conflito dentro de seus próprios muros. Tal como Weber observa aspectos de sociedade e de comunidade nas relações humanas, Georg Simmel também acredita não haver formas puras nas relações sociais, observando a existência de situações de conflito em qualquer grupamento humano. Para Simmel, entretanto, o conflito não é necessariamente negativo, sendo visto como um tipo de "sociação": a interação inevitável existente em qualquer agrupamento de indivíduos necessária para a transformação das organizações sociais. As diferenças, dessa forma, podem ser exibidas e resolvidas por meio dos conflitos, a fim de alcançar um consenso.

O sociólogo não acredita na existência de uma comunidade que contenha apenas forças sociais positivas: "um grupo absolutamente centrípeto e harmonioso [...] não só é empiricamente irreal, como não poderia mostrar um processo de vida real" (Simmel, 1983, p. 124). Embora, entre os muros, a comunidade tenha um alto grau de homogeneidade, o conflito pode ocorrer em decorrência da própria natureza humana e é motivado por fatores de dissociação. Simmel (*ibidem*, p. 122) afirma que,

> de fato, os fatores de dissociação – ódio, inveja, necessidade, desejo – são as causas do conflito; este irrompe devido a essas causas. O conflito está assim destinado a resolver dualismos divergentes; é um modo de conseguir algum tipo de unidade, ainda que através da aniquilação de uma das partes conflitantes.

Entretanto, em virtude do empobrecimento das relações sociais nessas comunidades homogêneas e segregadas, a habilidade no estranhamento entre um e outro e a possibilidade de reconhecimento das diferenças tornam-se reduzidas. Dessa forma, a possibilidade de resolver conflitos também é minimizada. Caldeira, em seu estudo sobre os condomínios de luxo em São Paulo, observa a ocorrência de diversos desvios praticados pelos jovens nesses locais. Os delitos mais comuns envolvem atos de vandalismo com a destruição de objetos de uso público, consumo de drogas, furtos e acidentes de automóveis.

Não existe uma instituição jurídica entre os muros que possa avaliar tais condutas e, nesses casos, a punição também é privada e delegada aos pais dos jovens.

No filme, essa figura desviante aparece na personagem Noah. Em uma das cenas, ele brinca de bater em um grupo de amigos com um graveto, o que é considerado impróprio entre os demais jovens da comunidade. Ivy intercede e diz que pare imediatamente, levando-o ao "quarto do castigo". Durante a cena é clara a influência que Ivy exerce sobre Noah. Algumas cenas depois, Ivy e Lucius falam do amor que sentem um pelo outro e os boatos sobre a união dos dois se espalham pela vila. Sabendo do fato, Noah procura Lucius e para em sua porta, olhando-o transtornado. Enquanto Lucius explica seus sentimentos, Noah, súbita e silenciosamente, o apunhala no estômago. Lucius cai e Noah, ajoelhando-se ao lado dele, parece admoestá-lo enquanto o apunhala novamente.

Noah é uma personagem diferenciada. Em sua encenação é visível o fato de apresentar um distúrbio mental. Ele quase não fala, repete frases e mostra-se contente, rindo e aplaudindo, ao ouvir os ruídos assustadores das "criaturas" da floresta. O conflito nesse caso é claramente atribuído à falta de racionalidade que permitiria o reconhecimento das diferenças e evitaria a resolução trágica do conflito. A inserção mais igualitária de Noah é abordada pela personagem Lucius quando, em determinado momento, diz que poderia ir às cidades buscar remédios que ajudariam Noah a se controlar e permitiriam que aprendesse.

A comunidade vigiada

Apesar de ser possível perceber certo idealismo romântico em alguns momentos da narrativa, a forma como a vila é retratada aproxima-se antes dos enclaves fortificados contemporâneos do que do conceito de comunidade pensado pelos sociólogos clássicos.

Embora idealmente construída pelos anciãos com características típicas das comunidades originárias, fundadas na tradição e no costume e ambientadas em um cenário rural, a vila se afasta dos conceitos da *Gemeinschaft* clássica. Em Tönnies, o entendimento que cria a comunidade é tácito, natural, apoiado num sentimento de pertencimento mútuo. Na vila, porém, esse entendimento é baseado no consenso entre seus fundadores, aproximando-se antes das relações associativas, típicas de sociedade. Além disso, na vila há o conflito oriundo da figura da personagem Noah que, embora seja calcado na imprevisibilidade, descaracteriza a ideia da comunidade tönniesiana.

O modo como a vila é estruturada é uma referência explícita à nova forma de busca de segurança nas sociedades contemporâneas. O enclausuramento dos anciãos na vila, tal como das elites em seus condomínios de luxo – ambos "territórios" vigiados – revela não só a falência do Estado como responsável pela proteção a seus cidadãos, mas também o desejo de isolamento, de fuga aos conflitos provocados pelo meio urbano. A comunidade possível retratada no filme existe segregada, intramuros, tendo a segurança de suas fronteiras exercida por guardas armados e isolada das cidades, vistas como "lugares maus onde pessoas más vivem". Além dessa ideia central, o filme faz ainda críticas diretas ao capitalismo e seus efeitos, ressaltando que "[...] o dinheiro pode ser ruim. Pode obscurecer o coração dos homens", e mostra como a existência possível da comunidade nos dias atuais se afasta do ideal iluminista, em que o conhecimento e a racionalidade permitiriam a construção de uma sociedade na qual os homens seriam livres e iguais. O trocadilho com o nome do herói, Lucius Hunt ("caçador da luz"), não deixa de ser sugestivo.

Apesar das críticas, o filme ressalta os bons sentimentos como possibilidade para a construção de uma convivência pacífica. Em vários momentos são feitas referências ao amor e à inocência. Lucius Hunt, em suas tentativas para convencer os anciãos a permitir que vá às cidades, argumenta que seu destemor, suas intenções puras e sua inocência não representarão uma ameaça às criaturas, que, por isso, o deixariam passar sem agredi-lo. A inocência também é citada pelos próprios anciãos como justificativa para a formação da comunidade.

Nesse sentido, embora a crítica à violência e à segregação seja proeminente, a comunidade que o diretor acredita possível permanece nas entrelinhas, aproximando-se da visão de Martin Buber. Ainda que influenciado pelos pensamentos de Ferdinand Tönnies, Buber buscou ir além e elaborou uma concepção de comunidade ideal em que homens com certa maturidade e serenidade perceberiam que não poderiam viver de outro modo, exceto como membros de uma comunidade. Para Buber, a "nova comunidade" não teria como base laços de sangue, mas laços de escolha (1987, p. 39).

Porém, à parte o idealismo presente em certas passagens do filme, a construção de *A vila* permanece coerente em sua concepção de uma "comunidade segura" nos moldes atuais. A tensão entre segurança e liberdade, apontada por Bauman, é clara no filme, sendo visível de forma mais premente nos embates entre os jovens e os anciãos. O controle das fronteiras com os "de fora" é duro, coercitivo. A vila é quase uma prisão e a vigilância apoia-se em um panoptismo calcado no medo, o que fortalece sua semelhança com as motivações atuais de busca por segurança nas grandes cidades. Lá, o medo das criaturas da floresta das quais se ouve falar; aqui, o medo dos crimes dos noticiários aos quais se assiste cotidianamente.

Referências bibliográficas

AUGÉ, Marc. *Não-lugares: introdução a uma antropologia da supermodernidade*. Campinas: Papirus, 1994.

BAUMAN, Zygmunt. *Comunidade: a busca por segurança no mundo atual*. Rio de Janeiro: Zahar, 2003.

BUBER, Martin. *Sobre comunidade*. São Paulo: Perspectiva, 1987 (Coleção Debates).

Caldeira, Teresa Pires do Rio. *Cidade de muros: crime, segregação e cidadania em São Paulo*. São Paulo: 34/Edusp, 2000.

Canclini, Néstor García. *A globalização imaginada*. São Paulo: Iluminuras, 2003.

Glassner, Barry. *Cultura do medo*. São Paulo: Francis, 2003.

Quintaneiro, T. *et al*. *Um toque de clássicos: Durkheim, Marx e Weber*. Belo Horizonte: Ed. da UFMG, 1995.

Simmel, Georg. "A metrópole e a vida mental". In: Moraes Filho, Evaristo (org.). *Sociologia*. São Paulo: Ática, 1983 (Coleção Grandes Cientistas Sociais).

Souza, Marcelo Lopes de. "Planejamento e gestão urbanos numa era de medo". *Revista Rio de Janeiro*, n. 12, Uerj, LPP, Fórum Rio, jan.-abr. 2004.

Tönnies, Ferdinand. *Community and association*. Londres: Routledge & Kegan Paul, 1955.

Weber, Max. *Conceitos básicos de sociologia*. São Paulo: Moraes, 1987.

Filmes

A vila (*The village*). Roteiro e direção: M. Night Shyamalan. Produção: Touchstone Pictures. 108 min, 2004.

Metrópolis (*Metropolis*). Direção: Fritz Lang. Produção: Continental. 100 min, 1927.

Substitutos (*Surrogates*). Direção: Jonathan Mostow. Produção: Touchstone Pictures. 88 min, 2009.

capítulo três

A cidade como palco da comunicação

Mônica Sousa

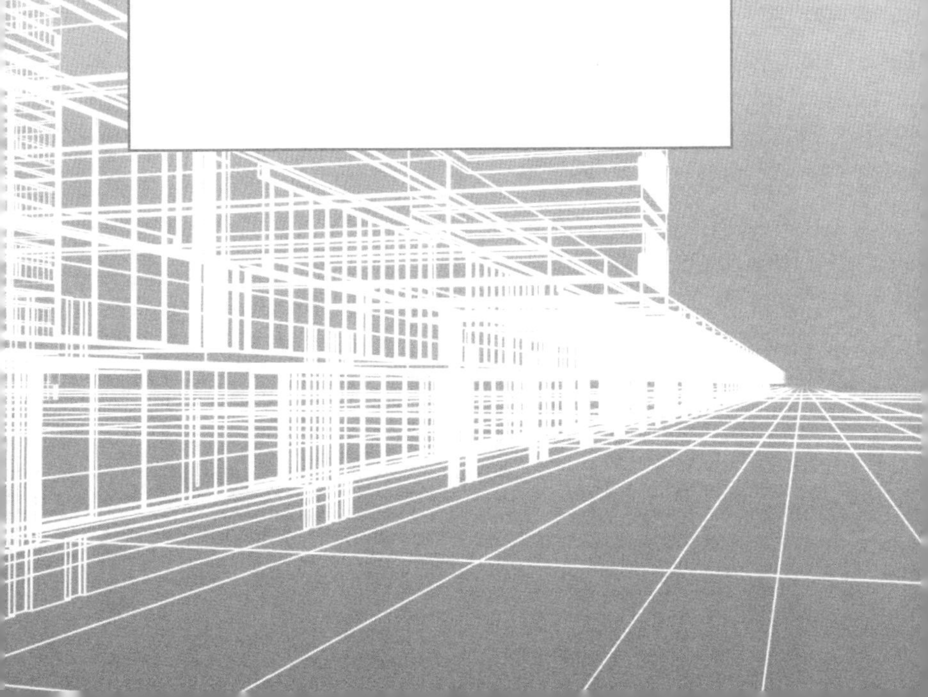

Introdução

A ciência eliminou as distâncias. Dentro em pouco o homem poderá ver o que acontece em qualquer lugar da terra sem sair de sua casa.

García Márquez, 2001, p. 8

As cidades se configuram como importantes cenários e conjunturas dos meios de comunicação, representadas tanto pela sucessão de notícias veiculadas pela imprensa quanto pelas produções voltadas ao entretenimento. É nesses contextos que podemos relacionar como diretamente proporcionais o desenvolvimento e a expansão da cidade às mudanças das tecnologias informacionais e de comunicação. A troca de experiências, a proximidade entre os indivíduos e os deslocamentos espaçotemporais são responsáveis pelas reconfigurações assumidas pelas cidades. É dessa maneira que várias Macondos[1] se convertem em espaços-mundo.

Para Le Goff (2008), o crescimento urbano é um dos aspectos de mudança na Europa durante a Idade Média que influenciaram o atual modelo europeu de cidade. Se na alta Idade Média a Europa era

1. "Macondo" é o nome da cidade na qual se passa o romance *Cem anos de solidão*, de Gabriel García Márquez.

rural, o século XIII surge com uma nova maneira de pensar o mundo e a cristandade. A partir de então, as cidades despontam como a nova face da Europa que se quer modificar, como o centro de misturas das populações, em que se afirmam as novas instituições e de onde brotam os novos centros intelectuais e econômicos.

O exemplo dos estudos de Le Goff nos encaminha para as distinções entre as cidades contemporâneas. Assim como as primeiras cidades urbanas foram embriões das grandes cidades modernas, na contemporaneidade há ainda as distinções entre as formas de cidades, e elas são interligadas. Milton Santos (1979) se utiliza das mesmas categorias para tratar dos conceitos de *town* e *city* (cidade com porte maior), que ele retira de Jane Jacobs para pensar as cidades locais dos países subdesenvolvidos da América Latina. A diferenciação entre ambos os conceitos está na capacidade de se autossustentar. Enquanto a *town* não cresce a partir de sua própria economia local, a *city* tem sua autonomia garantida na autossustentação. Com base em tal concepção, Santos pensa a cidade local ligada principalmente às transformações do modelo de consumo mundial pela perspectiva da modernização tecnológica, diferentemente do que o autor crê para a metrópole, que, segundo ele, é resultado de novos modelos de produção.

A comunicação e a fala da cidade

Os novos estímulos estabelecidos gradativamente nas grandes cidades do final do século XIX, a partir das inovações tecnológicas, modificaram as relações e alteraram os estímulos do cotidiano da metrópole. As mudanças econômicas ocorridas durante o século XVIII alteraram as condições de trabalho e exigiram maior especialização do indivíduo, que se torna gradativamente mais dependente do outro.

Tal relação de ambiguidade entre o individualismo e a dependência do outro é encontrada no texto de Simmel (1987), "A metrópole e a vida mental", publicado em 1902. Para o autor, há uma "intensificação dos estímulos nervosos" resultantes da vida nas ruas, o que Ricardo Ferreira Freitas (2007) entende como reação à quantidade excessiva de comunicações nas metrópoles. Enquanto nas áreas rurais os estímulos são mais controláveis pelos indivíduos, na metrópole eles se tornam mais fluidos e difíceis de dominar, estando diretamente associados à sociabilidade condizente com a vida da metrópole. As inovações, que contribuíram para as distinções entre as grandes e as pequenas cidades, ordenam as relações entre a metrópole e seus indivíduos. Conjurados sob as novas ferramentas de comunicação, os relógios, os elevadores, os automotores, os bondes, entre tantas outras peculiaridades da nova metrópole, tanto transformaram a perspectiva urbana como ditaram regras de comportamento e ordenação temporal do espaço.

Em 1910, o cronista João do Rio – assim como o cigano Melquíades de Gabriel García Márquez, em *Cem anos de solidão* – valeu-se da futurologia ao descrever "O dia de um homem em 1920" (Martins, 2005). Como um *camera eye*, João do Rio percebe o instante do cotidiano carioca do início do século e retrata a perda dos valores humanos, como a personagem que, absorta em obter tempo para as infinidades de afazeres, esquece o enterro da filha. Numa crítica às tecnologias e ao progresso como o imaginário da máquina, o texto explica como as inovações afetam não só a concepção da sociedade, mas também o cotidiano dos indivíduos e da cidade. No dia de um cidadão comum em 1920, o jornal é indispensável antes de sair de casa e começar um intenso subir e descer pelos elevadores, em uma pressa contínua. As notícias o informam sobre as catástrofes, os investimentos, a guerra, o entretenimento, inteirando-o sobre o que acontece em várias cidades do mundo, interligadas. "Não se conversa. O sistema de palavras é por abreviatura" (Martins, 2005, p. 71).

Oito anos de diferença separam os textos "A metrópole e a vida mental" e "O dia de um homem em 1920". Considerando as diferenças culturais e espaçotemporais entre a Berlim de Simmel e o Rio de Janeiro de João do Rio, é possível perceber como a comunicação perpassa e se dilui na vida da cidade e de seus contemporâneos, mesmo que haja peculiaridades e contextos diferenciados.

> De cada fio que se estende para fora da cidade, sempre novos fios crescem como que sozinhos, tal como dentro da cidade o aumento imerecido do aluguel de um terreno, através do simples incremento das comunicações, traz ao proprietário proveitos automaticamente crescentes. (Simmel, 1987, p. 23)

Em *Imaginários urbanos*, Canclini (1997) busca entender os conceitos de cidade e analisa vários autores, como Antônio Mela, para quem a cidade pode ser vista a partir da experiência do morar por meio de duas importantes características: a densidade das interações e a aceleração do intercâmbio das mensagens (*ibidem*, p. 71). Por essa perspectiva a cidade é assim formulada pela circulação da informação, que se estabelece nas trocas de experiências do fervilhar das ruas e nas interações no espaço público, e, principalmente, pela difusão dos meios de comunicação de massa. Para pensar o conceito de cidade é fundamental entendê-lo não como algo limitado ao espaço físico, mas, acima desse enfoque, pensá-la como um organismo que se equilibra entre a "lógica" e seu caráter expressivo, este como resultado das indústrias culturais.

Com base em vários autores, Canclini amplia o caráter da cidade para além de suas fronteiras físicas e as crê como extensões delas mesmas. Por tal concepção, as cidades se ampliam com novos sistemas de transportes, conexões eletrônicas e mediações entre diferentes cidades, e tornam-se receptoras de sentidos – o que Italo Calvino, em *As cidades invisíveis* (2003, p. 151), questiona: "[...] Existe um lado de fora? Ou, por mais que você se afaste da cidade, nada faz além de passar de um limbo para outro sem conseguir sair dali?"

Esse ritmo acelerado garante à cidade um caráter de videoclipe, no qual se articulam os diversos modos de vida e os múltiplos imaginários urbanos. Beatriz Jaguaribe, em *Fins do século – Cidade e cultura no Rio de Janeiro* (1998), parte da metáfora do videoclipe de Canclini para representar o espaço de ruído e imagens: "Na cidade como videoclipe, a velocidade e a acumulação desbaratada de imagens inibem a pausa do congelamento e da sedimentação da própria imagem" (*ibidem*, p. 168). Esse desbaratamento não implica ou invalida os agenciamentos humanos – e aí temos os paradoxos das grandes cidades –, mas, ao contrário, promove a "plasticidade dos imaginários", veiculados pelos meios de comunicação, transcritos nas crônicas dos jornais cariocas e expressos nas práticas comunitárias. Podemos então, sob essa perspectiva, entender que as novas tecnologias asseguram à cidade o papel de mais um agente, o que Jaguaribe chama de "ponto luminoso" dos meios de comunicação.

No artigo "A comunicação sem fim" (2004), Michel Maffesoli enfatiza o poder da comunicação na sociedade da informação, mas ressalta que, mais importante que os veículos, é fundamental nesse processo a partilha cotidiana de emoções e de pequenos acontecimentos. O autor exemplifica que, com o acesso à internet, há o predomínio da interação em detrimento do caráter utilitário. Entretanto, ele não desconsidera o caráter social da mídia. Ao contrário, Maffesoli entende que a comunicação e a informação dão novas substâncias à partilha com o outro. É o que o autor utiliza para afirmar serem a comunicação e a informação elementos estruturais do "estar em relação", mesmo que essas relações sejam mediadas tecnologicamente. Já no videoclipe de Canclini, a informação surge como o agente organizador das múltiplas imagens que moldam as características da cidade.

Para Martín-Barbero (2002b), as cidades latino-americanas apresentam em seu contexto de urbanização três dinâmicas distintas: o desejo por melhores condições de vida, o consumo advindo das economias centrais que revolucionam comportamentos, e a influência das novas tecnologias informacionais que pressionam por uma sociedade mais aberta. Com o uso das novas tecnologias, a sociedade busca maneiras eficazes e eficientes de agilizar os fluxos da informação. A cidade então se transforma no agente de modificações urbanas aptas a abarcar as revoluções dos saberes e da produção. Para o autor, há um paradoxo nesse elemento, que simultaneamente promove alterações na memória, no sentido do tempo e na percepção do espaço.

A partir de mudanças na informação/comunicação ocorrem também processos transformadores na configuração da cidade. Martín-Barbero (2002) analisa tais modificações em lados paralelos. Se, por um lado, há melhorias nos fluxos informacionais, por outro, o que existe é o que ele chama de decomposição das relações e desenraizamento e marginalização urbana, quando há o interesse não na comunicação – como a troca e compreensão de mensagem –, mas sim na conexão. O que importa na cidade informacional e comunicativa é a velocidade da informação; a cidade deixa de ser apenas o espaço físico para se tornar comunicacional, em um crescimento simétrico, descrito por Martín-Barbero como diretamente proporcional ao crescimento e à diversificação dos meios de comunicação.

Em *Os meios de comunicação como extensões do homem* (1969), McLuhan propõe que o meio é a própria mensagem. Podemos, com base nessa análise, compreender de forma tangível como a cidade é parte fundamental do próprio homem, uma extensão de si mesmo. Para o autor, o conteúdo das mensagens se torna outro meio de comunicação, numa ressignificação contínua que se manifesta nas ações humanas. A cidade, como entidade orgânica e mutável, é parte do homem, na medida em que se torna conteúdo de suas relações e interações. Como conteúdo, a cidade se reinventa numa rotina infinita de novos nós, novas redes de sentidos. O autor defende a cidade como novo meio de comunicação utilizando como exemplo a disseminação das ferrovias, que ampliou e acelerou novas escalas das funções humanas. É o que presenciamos atualmente com a internet, pela *World Wide Web* (www), cujos endereços eletrônicos modificaram as relações humanas, comerciais e a própria noção de cidade.

Para elucidar a cidade como extensão do homem, podemos utilizar o artigo "Cibercidades", de André Lemos (s/d). Nele, o autor sugere a cidade como espaço de fluxos virtuais, prolongamento da urbanização industrial e da cidade mundial. É a partir dessas novas idealizações de cidade que podemos pensar o modo como elas estão atreladas aos cidadãos e reconfiguradas pelos novos meios de comunicação. A internet possibilita que Barcelona, Lisboa e Amsterdã estejam insertas em *bytes* que refazem os espaços "construídos" da cidade palpável em dicotomias de 0 e 1, ao mesmo tempo que interferem na vivência com os "nitezens"[2]. Voltando a McLuhan, lembramos que para ele é exatamente por essas relações de interdependência e de alterações nas maneiras de interagir com a cidade que esta também é extensão. É por ser a cidade tradicionalmente uma armadura coletiva, extensão da pele, que ela está no cerne da questão humana, transformando a consciência e as experiências. Diz McLuhan (1969, p. 385):

> [...] agora, na era da eletricidade, o homem volta, psíquica e socialmente, ao estado nômade. Só que agora a fase se caracteriza pela cata de informações e pelo processamento de dados. É um estado global, que ignora e substitui a forma da cidade – que tende a se tornar obsoleta. [...] A primeira circunavegação do globo, no Renascimento, deu ao homem um sentimento novo de abarcamento e possessão da Terra, assim como os astronautas alteraram a relação entre o homem e o planeta, que agora dá a impressão de um bairro que a gente pode percorrer numa caminhada.

A comunicação se torna a ferramenta principal da cidade, embora muitas vezes, em algumas coletividades, como o Rio de Janeiro, as relações por correio eletrônico, fax e conexão por cabos não sejam suficientes para que efetivamente a comunicação seja prática entre os cidadãos. Bairros residenciais – como a Barra da Tijuca, construído afastado da conturbação da metrópole – podem ser considerados representações dos paradoxos de uma grande cidade. Junto com a violência urbana desencadeiam-se tentativas de proteção que reconfiguram o espaço e os fluxos comunicacionais e, desse modo, a própria cidade.

2. Termo utilizado por André Lemos no artigo "Cibercidades" (s/d, p. 2).

A cidade na representação dos meios

A cidade de quem passa sem entrar é uma; é outra para quem é aprisionado e não sai mais dali; uma é a cidade à qual se chega pela primeira vez, outra é a que se abandona para nunca mais retornar; cada uma merece um nome diferente; talvez eu já tenha falado de Irene sob outros nomes; talvez eu só tenha falado de Irene.

CALVINO, 2003, P. 119

Retratar a cidade sempre esteve entre as muitas habilidades do homem, sem que isso significasse necessariamente uma tentativa artística. Nas telas renascentistas, o olhar humano se destaca pela forma que vê. A perspectiva coloca o homem no centro das questões da cidade e intrinsecamente no cotidiano que sempre a recria. Mas não são somente as pinturas que retratam o habitual. Os muros, os impressos, as anedotas, o disse que disse, entre outros componentes das relações humanas, compõem o imperativo fluido da cidade e instituem as significações que distinguem as urbes, que no amálgama desses nós toma sua personalidade, sua representação.

Essas experiências da vida comum se desdobram em sentidos do saber fazer, saber falar e saber viver, e se constituem no cotidiano plural do homem comum. A multiplicidade desse homem desenvolve a cidade e faz dela a arena da experimentação e da prática, que juntas fomentam a sabedoria urbana, que não se avalia por boa ou má, mas se faz existente e se autorregulamenta. Para Beatriz Bretas (2006), as relações existentes em diferentes espaços sociais contêm elementos contraditórios que efetivamente são a base da vida diária. Apesar das ordenações, o dia a dia "permite práticas de desvios e a diversidade de experiências. O cotidiano é, em si, uma maneira de experimentar a vida" (*ibidem*, 2006, p. 32).

É essa maneira de experimentar que a autora aponta para definir a capacidade dos meios de comunicação de criar e manter vínculos, elos materiais que viabilizam o contato e o intercâmbio entre os sujeitos. Nessa interação pessoas/mídia, os meios de comunicação aparecem como constituintes da sociedade. Inseridos na dinâmica social, os meios não só reproduzem o cotidiano como o compõem, são parte de uma grande teia de informação, de onde não apenas se apoiam, mas extraem sustento.

Tomando como ponto de partida o pensamento de Sandra Jatahy Pesavento (2004) sobre a figura do historiador como aquele que narra, traçamos um paralelo com o papel da imprensa, que representa também aquele que mediatiza a partir de uma seleção de dados disponíveis, que se utiliza de sequência narrativa e de inteligibilidade textual. As atividades da imprensa no "contar e recontar" o cotidiano envolvem montagem de enredos pela capacidade de escolha das palavras, das construções dos argumentos e do tratamento dado ao texto. A retórica se passa justamente pelo potencial de envolver pela montagem, fornecendo explicações e convencimento.

De tal modo que, assim como Cordeiro Gomes tem a cidade "tanto como metáfora como lugar" (2004, p. 105), porque é um ambiente de mudanças, rupturas, conflitos e tensões de várias nuanças, Pesavento (2004) a entoa também como resultado de uma profusão de possibilidades, vendo-a desde a visão de Voltaire, como centro de difusão de cultura, para ir além: como a cidade *noir*, reduto de pecado, perigo, enfrentamento, amoralidade e ceticismo, acima do bem e do mal, desprezando todas as regras, como entendia Baudelaire. É dessa maneira que a autora entende as representações da cidade e como se podem trabalhar as formas de pensá-la através dos tempos para lidar com as avaliações de boa ou má cidade.

Em *A invenção do cotidiano*, Michel de Certeau (2004) concede à cidade a capacidade de destruição e reconstrução. Formada pelo que ele define como "praticantes", os sujeitos da cidade são caminhantes, pedestres que formam o cheio e o vazio do "texto urbano" (*ibidem*, p. 171). Os entrelaçamentos e deslocamentos reescrevem indefinidamente a cidade; criam e recriam sem parar novas relações e uma cidade diferente a cada instante. Essas construções e reconstruções obedecem a uma lógica e racionalidade próprias, como no texto "O emblema da cidade" (Kafka, 1987). Ao descrever a interminável construção da torre de Babel, o autor ressalta a sucessão de gerações que reestruturam o espaço e alteram os significados. A cidade, os sujeitos, os modos e as configurações se reinventam: "[...] deve-se antes admitir que a geração vindoura, com seus conhecimentos, aprimorados, ache ruim o trabalho da geração passada e o ponha abaixo para construir um novo" (Certeau, 2004, p. 31). Para Certeau, essa racionalização do progresso faz da cidade o "lugar de transformações e apropriações, objeto de intervenções mas sujeito sem cessar enriquecido com novos atributos: ela é ao mesmo tempo a maquinaria e o herói da modernidade" (*ibidem*, p. 174).

A mesma desordem da vida cotidiana é apontada por Maurice Mouillaud (2002), que a analisa como uma confusão em que tudo ocorre, submetida a incessantes metamorfoses. E os meios de comunicação, continua o autor, selecionam as informações desse mesmo cotidiano e interligam os nós das redes do que ele chama de "tecido existencial". Produtores e produtos da realidade social, os *media* são as mensagens, assim como define McLuhan, que dão forma e sentido aos acontecimentos diários. Na sua análise da imprensa, Mouillaud propõe o conceito de "dispositivo". Para ele, dispositivos são séries de elementos que preparam o sentido. Não é possível pensá-los como algo fechado, limitado. Não é o papel do jornal, nem a foto, a legenda, a diagramação ou o texto o que determina a acepção da mensagem. Ao contrário, essas partes são encaixadas uma na outra, como uma teia. Não se trata de pensá-las superiores, antecessoras do texto, como se este estivesse subordinado a elas. É um conjunto de múltiplos sem que a hierarquia os oponha.

Retratos do cotidiano, os jornais como dispositivos enquadram as práticas sociais, priorizando e descartando certos personagens. É a partir dessa concepção que podemos pensar na maneira como o próprio dia a dia é construído pela mídia. Os recortes optam por determinados assuntos, fatos e personagens em unidades de tempo e espaço. Assim os jornais representam o cotidiano. Recortes, escolhas e representações que mediam a relação entre cidadão e cidade.

> Uma fila, outra fila, mas outra... Não nos agrada a primeira? Passemos à segunda. Não nos serve a segunda? Para deante então! Há filas cômicas, há filas sérias, há filas melancholicas, picarescas, fúnebres, alegres. [...] Com pouco tens a agregação de vários factos, a história do anno, a vida da cidade numa sessão de cinematographo. (João do Rio, 1909)

A ideia do cinematógrafo nas crônicas de João do Rio expõe a maneira como o dia a dia da cidade se faz presente nos jornais. São reproduções que revelam as nuanças da urbe, que nos servem de estudos para entender as táticas e estratégias do homem ordinário, definido por Certeau (2004, p. 63) como aquele que escolhe o lugar de seu discurso e o espaço de seu desenvolvimento, narrando a sua própria trajetória.

Mas não se trata apenas de encarar a imprensa como uma reprodutora incólume dos hábitos do homem comum, daquele que pode ser todos e ninguém ao mesmo tempo. Como já discutimos, a imprensa faz parte da imensa rede sociourbana, portanto, ela não só compõe como também interliga fios e se transforma em mediadora entre os homens e o compreender e viver a cidade. Ao revelar a cidade e seus hábitos, a mídia exerce o papel de condutora da memória da sociedade (Canevacci, 2005), ao mesmo tempo que cria padrões de estereótipos, falas do crime[3] (Caldeira, 2000), quebrados pela anomia do diferente e inesperado.

É o que Thompson (1998) chama de "caráter mundano de atividade receptiva", pelo qual a recepção dos produtos da mídia é uma prática que se integra à vida cotidiana dos indivíduos. Embora neste

---

3. Em *Cidade de muros: crime, segregação e cidadania em São Paulo* (2000), Teresa Caldeira pesquisa a fala do crime na capital paulista. As entrevistas revelam o estereótipo do criminoso, associado, na maioria dos casos retratados pela pesquisadora, com nordestinos.

trabalho estejamos nos atendo à questão da representação das mensagens transmitidas, é fundamental considerar a maneira como a recepção se torna parte da atividade da vida, na qual os indivíduos percebem e digerem o material simbólico que recebem. O acesso aos meios de comunicação se torna condição *sine qua non* integrante da vida diária, como a organização dos horários a partir da constituição dos meios de comunicação. Essa adaptação da rotina para a programação televisiva ou para a leitura do jornal matutino antes de sair de casa demonstra a capacidade de ordenar e impor os hábitos diários dos indivíduos.

Tal importância nos costumes dos cidadãos pode ser percebida, por exemplo, nas alterações causadas pela possibilidade de gravação dos programas televisivos, nos *downloads* da internet, na TV digital, na fotocopiadora, no aparelho de fax. Essa utilização depende de habilidades e competências adquiridas muitas vezes pelos próprios meios, numa metalinguagem na qual o meio de comunicação é ferramenta de sua própria compreensão. Ao congregar as mensagens à vida ordinária, estamos construindo consciência do que somos, do que os outros são e de como estamos relacionados na grande teia urbana. Modelamos e remodelamos nossos conceitos, embora lentamente. Thompson (1998) acredita que muitas das pressuposições e experiências dos indivíduos têm caráter social e, decorrente disso, o compartilhamento desses saberes cria a memória social.

Paolo Jedlowski (2005) entende a memória como algo mutável e móvel, que se reconstrói com o tempo, tanto para o indivíduo quanto para o social. É justamente essa memória que dá valor ao indivíduo. Num contexto mais amplo, a coletividade dessa memória pode ser entendida, segundo o autor, pelas representações que se institucionalizam, transmitidas pelas interações dos membros de cada grupo. É por meio da mídia que podemos nos ligar uns aos outros (Martín-Barbero, 2002a; Moscovici, 2001).

Capaz de produzir e disseminar sentidos, assim como também de apagá-los, a mídia tanto faz lembrar como faz esquecer, seja pela censura, pela meia verdade ou pela omissão. Independentemente deste momento de (im)parcialidade, a mídia é ferramenta para o partilhamento de um espaço urbano. Se antes as questões da ordem coletiva eram discutidas na ágora, a noção de esfera pública se desloca para os meios de comunicação. Utilizando os estudos de Jedlowski para tratar do cotidiano do homem comum, podemos pensar a memória coletiva realizada pelo compartilhamento com o outro da cidade, aquele que compõe o mosaico urbano. E são as novas tecnologias da comunicação que sublinham a coletividade e substituem a aproximação da oralidade pela velocidade da disseminação virtual.

Pensar os meios de comunicação como mediadores é estender suas funções além do caráter informativo. Mais do que transmitir informações, os meios de comunicação criam novas formas de ação e de relacionamentos sociais porque facilitam a interação humana, dissociada do ambiente físico-espacial. E é nesse ponto que Thompson (1998) avalia as interações mediadas e quase mediadas. Enquanto as primeiras se referem ao uso de meios técnicos para a transmissão de informação e de conteúdo simbólico entre indivíduos (o telefone, por exemplo), nosso interesse se foca no segundo caso, que alude à comunicação existente entre os meios de comunicação de massa e os indivíduos. Nesta, a produção, como dos jornais analisados neste trabalho, é feita para um número indefinido de receptores, ao mesmo tempo que o fluxo de comunicação, ao contrário do sentido lato de comunicação, é monológico.

No entanto, mesmo que o caráter monológico dessa mediação não exija uma resposta direta e imediata dos que estão do outro lado da interação, significa que a vida social (com destaque para a cidade), como diz Thompson (1998, p. 82), "é cada vez mais feita de formas de interação que perderam seu caráter imediato. Com o surgimento da interação e interação quase mediadas, a 'mistura interativa' da vida social mudou". Dessa maneira, para entender a complexidade dos meios de comunicação, é fundamental considerar as mediações estabelecidas por eles a partir da extensa disponibilidade de informação e de conteúdo simbólico desenraizados do tempo e do espaço.

A mediação possível a partir dos meios de comunicação garante que a memória do passado expanda as possibilidades humanas, de acordo com Paolo Jedlowski (2005). E essa propriedade foi ampliada geometricamente com os avanços tecnológicos dos meios de comunicação de massa, que "permitem os *deslocamentos*[4] de imagens do passado, tornando-as destacáveis de lugares específicos e libertas dos constrangimentos da interação face a face" (*ibidem*, p. 91). Ao se destacar de tais amarras, a realidade então representada na mídia transforma-se em outra realidade, que não a do fato, mais adequada às identidades coletivas e individuais. Pensar as memórias coletivas é compreender, como diz Valencia (2005), que tal memória é apropriada por profissionais da mídia que levam a um domínio de memória – o potencial da mídia para a construção da realidade, para a capacidade de recriar infinitas realidades ao reproduzir um fato.

> O texto só tem sentido graças a seus leitores; muda com eles; ordena-se conforme códigos de percepção que lhe escapam. Torna-se texto somente na relação à exterioridade do leitor, por um jogo de implicações e de astúcias entre as duas espécies de "expectativa" combinadas: a que organiza um espaço *legível* (uma literalidade) e a que organiza uma *démarche* necessária para a efetuação da obra (leitura). (Certeau, 2004, p. 266)[5]

Fazer lembrar, fazer esquecer e recriar são atributos dos meios de comunicação justamente porque são coletivos! Pensar coletivamente é recriar histórias, conversações e reinventar o cotidiano. Já para Sócrates, a escrita se mostrava a inovação que colocava em risco o poder da memória. Tal postura deixa implícitos os questionamentos quanto à interferência das interações na representação da

4. Grifo do autor.

5. Grifos do autor.

mensagem, seja esta mediada ou não. O que os *medias* fazem é aumentar exponencialmente a capacidade de transformar e transmitir. É apoiado na compreensão da diferença entre o narrar e o descrever da era clássica que Certeau (2004) explica a representação do cotidiano. Para o autor, a narrativa é por si mesma uma ficção, na medida em que não busca ajustar-se à realidade. Divulgar uma notícia é recriá-la com outras ferramentas e, por isso mesmo, retratar pela ficção, criando um equilíbrio entre a circunstância e o "contador", que o autor chama de "questão de tato" ao se referir ao manejo das informações.

Nossa análise, portanto, toma por base, para pensar um "fato jornalístico", a concepção de Chartier (2002) sobre a pluralidade de abordagens e compreensões. A partir delas, podemos tentar decifrar as relações e as tensões possíveis por um ponto de entrada particular, que pode ser um acontecimento, um relato de vida ou uma rede de práticas específicas. Neste caso, optemos por uma notícia jornalística considerando, como Chartier, que não há prática ou estrutura que não sejam produzidas pelas representações. Mesmo que contraditórias e afrontadas, tais informações refletem as concepções que indivíduos e coletividades atribuem ao mundo.

É essa complexidade que se aplica na representação da cidade. Várias ideias perpassam o imaginário da cidade. Assim como um jornal impresso é dividido em editorias, a cidade também se divide. Ela é violenta, boêmia, simpática, litorânea, corrupta, ensolarada, exótica. Não há razão para limitar suas designações justamente porque a cidade é coberta de imaginários, de formas, de figuras, de emblemas. A cidade se move, é coletiva, fluida e se reinventa a cada instante. Ela é tudo isso, mesmo que determinada representação se encontre em destaque. Destacar é fazer emergir um plano de vista. E esse é um dos papéis dos meios de comunicação, de acordo com Eugênio Bucci no artigo publicado na *Folha de S.Paulo*, intitulado "A cidade imaginária" (2002): "cercam a cidade porque cercam o olhar, cada lance fugidio do olhar. Cada objeto é um signo à caça de um par de olhos".

Violência, criminalidade, espaços marginais... Sejam quais forem os problemas enfrentados na cidade, eles estão nos jornais, assim como nos papos de bar, na conversa na fila dos bancos e nos programas de entrevistas. Pautam o cotidiano, assim como são inerentes a ele. Para Edgar Morin (2004), as sociedades sempre tiveram seus subterrâneos e submundos; ao contrário do que se possa acreditar, a mídia não inventa nada, embora torne os acontecimentos mais visíveis. Mais do que pensar a mídia como causadora dos problemas que ela retrata, como creem teóricos da Escola de Frankfurt – ou apocalípticos, para Umberto Eco (1987) –, Morin é enfático ao defender a "inocência" dos *medias.*

Ele compara a mídia à obra de Shakespeare, que é recheada pelo lado obscuro da humanidade e, nem por isso, pode ser acusada de criar as iniquidades que descreve. Assim como não são novas as estratégias de atração para determinados fatos – os canards na Idade Média já se ocupavam de reproduzir fatos bizarros, que atraíam pelo cômico, pelo violento ou pelos mexericos da corte francesa –, não é nova também a influência da mídia na vida e no cotidiano. Longe de ter uma função central, os meios de comunicação desenvolvem inúmeros papéis, dos quais a influência "depende de contexto, dos filtros, de situações históricas, de percursos individuais e de uma série de outros fatores" (Morin, 2003, p. 9).

O mesmo pensamento apresenta Maffesoli (2004), para quem, independentemente do monopólio da palavra, da informação e da comunicação – sem que haja necessariamente uma compreensão do que seja pôr em forma e do destino comum da comunicação –, os emissores (que o autor chama de *intelligentsia*) não podem controlar efetivamente a recepção. Por mais instrumentalizada que seja a informação dos meios de comunicação, a potência subterrânea – recurso de anarquia social – se posiciona como uma resistência permanente, e impõe a comunhão e a partilha entre grupos e indivíduos. É justamente pela potência subterrânea que faz desmoronar o ideário de universalismo. "Ora, na prática, a informação só consegue unir microgrupos, microcosmos, universos segmentados" (Maffesoli, 2004, p. 22)[6]. Em outras palavras, o leitor se interessa por aquilo que lhe diz respeito, pela "proximidade" dos fatos: "As pessoas não querem só informação na mídia, mas também e, fundamentalmente, ver-se, ouvir-se, participar, contar o próprio cotidiano para si mesmas e para aqueles com quem convivem" (*ibidem*, p. 23).

A representação desse retrato do cotidiano exposta nos jornais impressos adquire sentido se analisarmos o dispositivo, na acepção de Mouillaud (2002), no seu sentido mais amplo. Comprar ou receber em casa um jornal não significa lê-lo e, mesmo que ele seja lido, não se pressupõe com isso entendimento da mensagem. Sem querer qualificar o leitor como obtuso, o intuito é ressaltar que a compreensão da mensagem passa além de um texto – como estamos propondo neste trabalho –, mas se aproxima da complexidade dele. A representação das mensagens implica as ferramentas técnicas do jornalismo que elaboram o discurso. Assim, as mensagens são um complexo emaranhado de significados, "fenômeno complexo e mutável, continuamente renovado e, até certo ponto, transformado, pelo próprio processo de recepção, interpretação e reinterpretação" (Thompson, 1998, p. 44).

As ferramentas concretas da imprensa são: papel e letras. Por mais simplório que possa parecer, o texto é isolado da realidade que o suporta. Como somente papel, é "desenfeitiçado do mundo" (Certeau, 2004); como texto, caminhos traçados como "artefatos do mundo". É na justaposição desses elementos que a imprensa se torna espaço de formalização e atua sobre a exterioridade, embora inanimada. Elabora regras que agem sobre o meio e transforma-o em suas representações. O resultado é um "produto" (Certeau, 2004) ou dispositivo (Mouillaud, 2002). São esses elementos que garantem o poder de fabricar objetos.

---

6. Os microgrupos podem ser traduzidos, mercadologicamente, como os mercados segmentados que se estruturam a partir do público-alvo. Exatamente por essa segmentação, escolhemos para a pesquisa dois jornais voltados para o mesmo segmento.

Por esses objetos podemos ressaltar o caráter de reproduzir a realidade. Como instituição do real, nos termos de Certeau, a mídia se apresenta como portadora de um real, reproduzido em suas páginas. Ao narrar os fatos simbolicamente, a imprensa deixa aberto o espaço da representação e suspensa uma verdade. A soma das ferramentas da imprensa aparenta o real, fala em nome dos fatos, na medida em que se assume como seu maior referencial. Num incessante recriar de histórias, os relatos midiáticos fabricam o real com aparências dele próprio, que sobressaem no destaque de alguns aspectos do real. Ao apurar um fato, por critérios de noticiabilidade (Erbolato, 1991), evidenciam-se certos pontos de maior interesse do leitor, em detrimento de outros, o que faz da notícia veiculada superfície do fato em si mesmo.

No texto de Mouillaud (2002) encontramos então que a representação não está alojada no objeto (informação), mas presente no conjunto de dispositivos técnicos, sociais, econômicos, políticos. Por isso, pensar o real é considerá-lo "aquilo que, em cada lugar, a referência a um outro faz acreditar" (Certeau, 1994, p. 289). Ao expor teorias sobre essa pesquisa, temos a mesma *performance* da imprensa ao tentar criar um real. Nosso suporte técnico são as referências destacadas, o caminho que traçamos entre as teorias para que estejam ordenadas e façam sentido – sob o ponto de vista de sentido que se queira criar. Na sociedade contemporânea, há uma harmonia entre o ver e o crer. Como extensões do nosso corpo (McLuhan, 1969), os meios de comunicação simbolizam nossas funções óticas e simultaneamente se baseiam no elemento visto, observado e mostrado.

Para exemplificar esse caráter do observador como "construtor" da sua realidade, podemo-nos utilizar dos diálogos entre Marco Polo e Kublai Khan, em *As cidades invisíveis* (2003). Ao descrever as cidades, Marco Polo destaca que jamais se deve confundir a cidade com o discurso que a descreve, apesar da estreita relação entre eles. É preciso descrever as singularidades que diferem as cidades, no entanto os discursos nunca as retratam fielmente porque elas são fluidas e sua imagem é particular a cada um que a vê. Compreendê-las é deixar que coexistam – tanto o discurso quanto a ideia que se tem da cidade –, não porque ambas sejam reais, mas sim porque supostas. As mudanças nas representações possíveis são refeitas, recontadas pelas memórias, abastecidas pelas experiências e pelos meios de comunicação que reconstroem constantemente as imagens da cidade. Os elementos utilizados para representar a cidade têm infinitos significados, estabelecidos numa rede cartesiana individual. Como um espelho (Calvino, 2003, p. 56), "[...] aumenta o valor das coisas, às vezes anula. Nem tudo que parece valer acima do espelho resiste a si próprio refletido no espelho".

Referências bibliográficas

BUCCI, Eugênio. "A cidade imaginária". *Folha de S.Paulo*, São Paulo, 1º set. 2002.

CALDEIRA, Teresa Pires do Rio. *Cidade de muros: crime, segregação e cidadania em São Paulo*. São Paulo: 34/Edusp, 2000.

CALVINO, Italo. *As cidades invisíveis*. Rio de Janeiro: Globo, 2003.

GARCÍA CANCLINI, Néstor. "Ciudades multiculturales y contradicciones de la modernidad". In: *Imaginarios urbanos*. Buenos Aires: Eudeba, 1997.

CANEVACCI, Massimo. *Culturas extremas – Mutações juvenis nos corpos das metrópoles*. Rio de Janeiro: DP&A, 2005.

CERTEAU, Michel de. *A invenção do cotidiano – Artes de fazer*. Petrópolis: Vozes, 1994.

CHARTIER, Roger. *À beira da falésia*. Porto Alegre: Editora da UFRGS, 2002.

ECO, Umberto. *Apocalípticos e integrados*. São Paulo: Perspectiva, 1987.

ERBOLATO, Mário. *Técnica de codificação em jornalismo: redação, captação e edição no jornal diário*. São Paulo: Ática, 1991.

FREITAS, Ricardo Ferreira. "Simmel e a cidade moderna: uma contribuição aos estudos da comunicação e do consumo." *Comunicação, mídia e consumo*, São Paulo, v. 4, n. 10, p. 41-53, jul. 2007.

GOMES, Renato Cordeiro. *Todas as cidades, a cidade*. Rio de Janeiro: Rocco, 1994.

JAGUARIBE, Beatriz. *Fins do século – Cidade e cultura no Rio de Janeiro*. Rio de Janeiro: Rocco, 1998.

JEDLOWSKI, Paolo. "Memória e a mídia: uma perspectiva sociológica". In: SÁ, Celso Pereira (org.). *Imaginário e representações sociais*. Rio de Janeiro: Museu da República, 2005.

KAFKA, Franz. "O emblema da cidade". In: *Parábolas e fragmentos e Cartas a Milena*. Trad. Geir Campos. Rio de Janeiro: Tecnoprint, 1987.

LE GOFF, Jacques. *As raízes medievais da Europa*. Petrópolis: Vozes, 2008.

LEMOS, André. "Cibercidades". Artigo disponível em: <http://unpan1.un.org/intradoc/groups/public/documents/iciepa/unpan005410.pdf>. Acesso em: 23 fev. 2011.

MAFFESOLI, Michel. "A comunicação sem fim". In: MARTINS, Francisco Menezes e SILVA, Juremir Machado da (orgs.). *A genealogia do virtual – Comunicação, cultura e tecnologia do imaginário*. Porto Alegre: Sulina, 2004.

MÁRQUEZ, Gabriel García. *Cem anos de solidão*. Rio de Janeiro: Record, 2001.

MARTÍN-BARBERO, Jesús. *Dos meios às mediações: comunicação, cultura e hegemonia*. Rio de Janeiro: Editora da UFRJ, 2002a.

______. "América Latina e os anos recentes: o estudo da recepção em comunicação social." In: SOUZA, Mauro Wilton (org.). *Sujeito, o lado oculto do receptor*. São Paulo: Brasiliense, 2002b.

MCLUHAN, Marshall. *Os meios de comunicação como extensões do homem*. São Paulo: Cultrix, 1969.

MORIN, Edgar. "A comunicação pelo meio". In: MORIN, Edgar. "A comunicação pelo meio (teoria complexa da comunicação)". In: *Revista Famecos*, n. 20. Porto Alegre, 2003.

MOSCOVICI, Serge. "Das representações coletivas às representações sociais: elementos para uma história." In: JODELET, Denise. (Org.). *As representações sociais*. Rio de janeiro: Eduerj, 2001.

MOUILLAUD, Maurice. *O jornal – Da forma ao sentido*. 2. ed. Brasília: Editora da UNB, 2002.

Pesavento, Sandra Jatahy. *História e história cultural*. Belo Horizonte: Autêntica, 2004.

Rio, João do. "O dia de um homem em 1920". In: Martins, Luis (org.). *João do Rio: uma antologia*. Rio de Janeiro: José Olympio, 2005.

Santos, Milton. *Espaço e sociedade*. Petrópolis: Vozes, 1979.

Simmel, Georg. "A metrópole e a vida mental". In: Velho, Otávio Guilherme (org.). *O fenômeno urbano*. Rio de Janeiro: Guanabara, 1987.

Thompson, John. *A mídia e a modernidade: uma teoria social da mídia*. 3. ed. Petrópolis: Vozes, 1998.

Valencia, José Francisco. "Representações sociais e memória social: vicissitudes de um objeto em busca de uma teoria". In: Sá, Celso Pereira (org.). *Imaginário e representações sociais*. Rio de Janeiro: Museu da República, 2005.

capítulo quatro

A cosmética do desvio: marginalidade em Almodóvar

Rafael Nacif de Toledo Piza

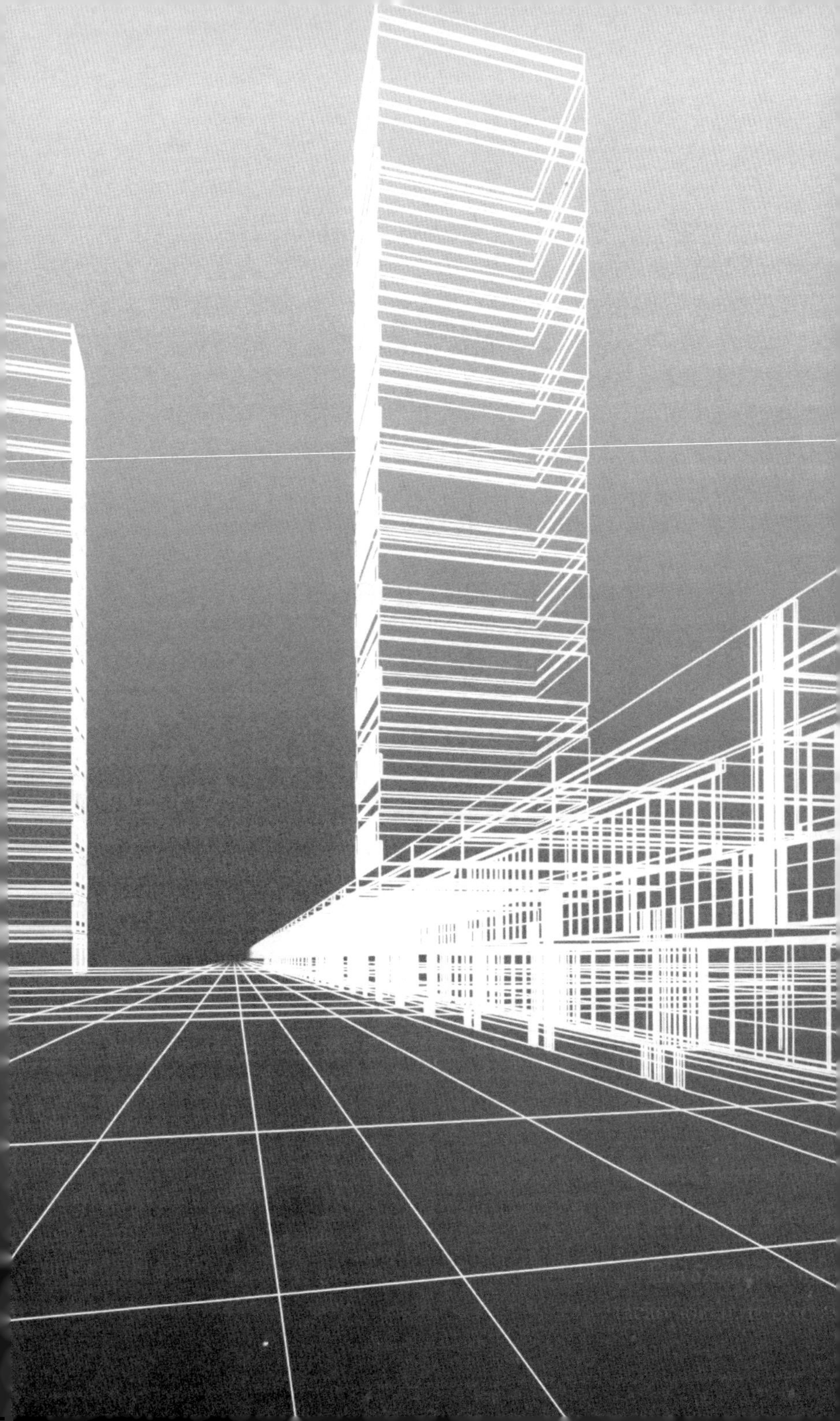

EM KIKA (1993), FILME DO CINEASTA ESPANHOL PEDRO ALMODÓVAR, a patroa sugere à sua empregada lésbica que se produza mais, fique mais feminina. Esteticista, a personagem principal do filme, interpretada por Veronica Forqué, resolve oferecer seus dotes de visagista para embelezar o exótico rosto de Joana, vivida pela atriz Rosy de Palma, conhecida pelo avantajado nariz e pelas feições marcantes. Nesse trecho, Almodóvar põe o espectador diante de um espelho infinito: ele enquadra, numa sequência, Kika e Joana de frente para a plateia, como se a tela se transformasse numa espécie de película rija, translúcida de um lado e opaca de outro. Vemos o rosto de Joana maquiado, replicado num espelho oval no canto superior esquerdo da composição.

Ao contrário do que fez Velázquez em *Vênus no espelho* (século XVII), óleo sobre tela de um dos mais importantes pintores do Ocidente, Almodóvar coloca as duas personagens de frente para quem as vê. Ele confronta o olhar do espectador e equilibra dois tipos de beleza e voluptuosidade, como um artista visual dos mais inteligentes faz ao ressignificar um ícone da pintura espanhola e mundial. Na Vênus de Velázquez, não vemos por completo seu rosto, que aparece enevoado por uma sombra impressionista no espelho. A Vênus de Almodóvar é Joana, a empregada nariguda, facilmente estereotipada como feia em qualquer outro tipo de representação óbvia nos meios de comunicação de massa. Aqui, em Almodóvar, não: Joana é Vênus, seu reflexo é iluminado. Kika, aquela que consideraríamos mais bela pelo padrão de revistas convencionais femininas, é o cupido: ela maquia sua deusa, declaradamente apaixonada por ela. Joana responde ao comentário de Kika sobre a onda de caras exóticas que assola o mercado de moda: "Não gostaria de desfilar, gostaria de ser chefe de uma prisão, cercada de garotas o dia todo". Vênus sopra seu desejo lésbico em monólogo de submissão feliz à patroa.

Goffman, Becker, Elias e Yoshino nos ajudam a colocar em perspectiva a produção audiovisual do início da carreira de Pedro Almodóvar. A "estética do mau gosto" de seus primeiros longas, que reconceituo como "cosmética do desvio", não pode ser dissociada da luta pela liberdade democrática pós-Franco. Pensar na cinematografia de Almodóvar do ponto de vista da sociologia do desvio é refletir sobre as políticas de visibilidade de identidades culturais minoritárias na tela. *Pepi, Luci e Bom e outras garotas de montão* (1980), *Labirinto de paixões* (1982), *Maus hábitos* (1983) e *O que eu fiz para merecer isto?* (1984) registram o engajamento do diretor na dinâmica contracultural corporificada na Madri dos anos 1970 e o imaginário da época.

Almodóvar dá voz aos desviantes, confere-lhes protagonismo. Como personagens ressignificados no sistema cinematográfico de produção simbólica, eles enunciam a si mesmos, partindo de determinada estetização da marginalidade. Almodóvar deixa que os "sem-tela" invadam o cinema confortável, como que de alguma maneira sabendo que esses fantasmas de luz vão voltar ao mundo físico e recontaminar a vida material de si mesmos. A tela de Almodóvar, propositalmente, é fora de esquadro, porque sua vivência como artista e como produtor de símbolos partiu desse ponto de vista. Almodóvar filma o espaço fora da tela, ou leva para dentro da tela e do cinema o espaço da vida que antes vivia fora dela. Assim, mesmo sem querer, ele devolve ao mundo a potência de marginalidade da contracultura madrilenha dos anos 1970, filha da contracultura de outros tempos, alimentando um processo de reinvenção constante da sociedade. A tela molecular que separa espectador de imagem no cinema é infiltrada pela liquefação dos papéis sociais na contemporaneidade. Almodóvar representa, com especial atenção, a questão da marginalidade e gera consequências sociopolíticas.

Quando os irmãos Lumière inventaram o cinema, vivia-se um período de fim de século, marcado pelo surgimento vertiginoso de inovações tecnológicas e pelo aumento da industrialização. Era necessário expandir os mercados consumidores. As novas soluções científicas e tecnológicas demandavam novos comportamentos e atitudes. A circulação das mercadorias se apropriou rapidamente desses novos dispositivos.

Em *O cinema e a invenção da vida moderna* (Charney e Schwartz, 2004), vários autores discorrem sobre o desenvolvimento das estratégias de comunicação na modernidade, partindo das necessidades comerciais como precursoras da propaganda, importante influência para o cinema desde o seu surgimento no final do século XIX. Kracauer (2009) observa que a cultura de massa, típica da modernidade, proporcionou ao público espectador uma forma de compreender suas condições de vida, e, assim, assumir a possibilidade de autorreflexão (no mínimo) ou, mais ainda, de consciência emancipatória. Mas isso entre as décadas de 1920 e 1930. Então, como poderíamos ratificar que Almodóvar estimula essa capacidade de autorreflexão e emancipação pela representação da marginalidade em seus filmes no início dos anos 1980, na Espanha da transição? Ou, de outra maneira, poderíamos pensar que sua integração paulatina ao circuito internacional de filmes *cult* ou independentes representa a perda do potencial crítico de sua produção cinematográfica? A chave do problema então é historicizar e relativizar a abordagem das representações da marginalidade nos filmes de Almodóvar. Ao analisar a visão de Jameson sobre a oposição cultura erudita *versus* cultura de massa, Freitas (2005, p. 132-33) explica:

> [...] não se pode mais idealizar uma separação radical entre "cultura de elite" e "cultura de massa" como bem notam diversos pensadores contemporâneos, dos quais destacamos o pensamento de Fredric Jameson quando estuda as relações entre o cinema e a pós-modernidade. Para o sociólogo americano, um importante crítico marxista e cultural dos EUA, é preciso repensar a oposição "cultura de elite/cultura de massa", já que toda produção social pode ser entendida como cultura, sobretudo quando esse processo acontece essencialmente por meio de conjuntos de redes de imagens. Tal abordagem pede que vejamos "culturas de massa" e "de elite" como um fenômeno dialético, sobretudo se pensarmos a pós-modernidade como a mais completa tradução do capitalismo já vista, dada a ilusão de se viver qualquer situação via consumo. Nesse contexto, Jameson defende que quase todos os valores urbanos são mediados pela cultura de massa, inclusive as representações políticas e ideológicas. Assim, as obras de cultura de massa deveriam oferecer uma semente genuína de conteúdo como recompensa ao público sempre prestes a ser tão manipulado.

Parece-nos que a produção cinematográfica de Almodóvar se inscreve, então, no âmbito do cinema *cult*, inicialmente, assumindo contornos mais críticos, e, conforme se incorpora ao mercado internacional, ao longo dos anos 1980 e 1990, tem seu caráter contestatório reduzido, culminando com a conquista do Oscar de melhor filme estrangeiro para *Tudo sobre minha mãe*, em 2000.

Atalhos para o inferno ou desvios do óbvio: as ideias de Goffman, Becker, Elias e Yoshino

Em *Stigma*, Goffman estuda a situação do indivíduo carente de aceitação social. É esse aspecto que Almodóvar ilumina cosmeticamente em seus filmes: ele não julga nem critica, mas demonstra e intercontextualiza referências de música, moda, cultura de massa, cinema norte-americano e vanguardas europeias na modelagem de seus personagens de forma inovadora, como outros diretores desprezariam no cinema hegemônico de entretenimento. O estigma da Grécia Antiga, representado por sinais no corpo que denunciavam, como um queloide em gado em propriedade rural, algo nefasto sobre o indivíduo (Goffman, 1963, p. 2-5). Em contato social, ao confrontar-se com a visibilidade de seu estigma, o indivíduo percebe que sua presença é indesejável. Os personagens de Almodóvar parecem não se sentir vitimizados por seus estigmas, aliás, são os seus estigmas aparentes que vemos ser humanizados quando Almodóvar os coloca em primeiro plano. Essas marcas são como armas contraculturais. Ser preso, internado num hospício, abandonado num orfanato são as exceções minoritárias que nutrem a criatividade do diretor espanhol, que nos conduz com rédea curta por cores e sons ibéricos na viagem de cada um de seus personagens. Almodóvar não filma o feminino: Almodóvar usa uma estratégia feminina, a da maquiagem cosmética, para colorir o que Bacon representaria em traços literais de garras zoomorfas sobre a imagem de um pontífice. O estigma é algo que se define nas relações sociais, no curso delas. Apenas aquele que participa da vida social pode sofrer com o estigma, porque ele se desenvolve por contraste diante da aplicação bem-sucedida da norma pelos outros membros do grupo (Goffman, 1963, p. 38).

Por outro lado, em *Outsiders*, o sociólogo norte-americano Howard Becker estuda como se opera o processo de marginalização na sociedade. Em concordância com Goffman, descreve que os grupos sociais constroem regras e tendem a aplicá-las, com mais rigor e publicidade, em circunstâncias em que sua posição é violentamente ameaçada, exatamente para mantê-la. O *outsider*, no entanto, pode não reconhecer a autoridade daqueles que o julgam, invalidando suas competências e esvaziando seu poder de análise. Quem quebra as regras pode ver seus julgadores como *outsiders*. Aqui se pode observar a preocupação de Becker em visualizar no sistema de promoção social uma via de mão dupla. O *outsider*/marginal também tem uma ideologia que justifica o seu estilo de vida. Goffman trabalha com essa noção ao afirmar que os estigmatizados muitas vezes se percebem como pessoas mais livres e felizes que os "normais". Almodóvar retrata muito bem em seus filmes essas ideologias. O processo de quebra e afirmação das regras, objeto de interesse especial do autor, é representado em Almodóvar de forma sutil e contundente (Becker, 1963, p. 2).

Só vemos como *outsider* alguém que podemos perceber como tal, isto é, aquele sobre quem esse rótulo foi aplicado com sucesso. A visão de Becker, nesse ponto, se coaduna à visão de Goffman quando este último destaca ser o estigma uma questão de perspectiva. Para aplicar o rótulo com sucesso, para estigmatizar, é preciso não apenas conceituar as normas cuja infração constitui desvio, como também aplicá-las. Isso significa tornar visível o estigma, publicizá-lo, difundi-lo, comunicá-lo socialmente. O *outsider*, para constituir-se como tal, deverá ter seu símbolo de inferioridade à mostra. O processo de comunicação, nesse caso, é fundamental. Como afirma Goffman, se o grupo não tem conhecimento do estigma, não poderá aplicar a regra de exclusão sobre o *outsider*, o qual poderá facilmente participar das atividades do grupo, mesmo sabendo, em seu íntimo, que poderá ser descoberto a qualquer momento. Determinado comportamento só é desviante quando as pessoas assim o rotulam.

Elias (Elias e Scotson, 2000) define o desvio empregando conceitos mais amplos que remetem às relações de poder na sociedade: *establishment* e *established* são usados no inglês para nomear grupos ou indivíduos que ocupam posições privilegiadas em certo grupo. Ironicamente, o *establishment* em Almodóvar é composto pelo que a sociedade patriarcal, cristã, branca, consumista despreza e rotula (desconfiamos que graças ao poder de fluido plasmático em trânsito fractal diante do narciso metrossexual e da fêmea-executiva urbana à la Carrie Bradshaw, de *Sex and the city*). O autor explica e notamos no cotidiano que os estabelecidos se autopercebem e são reconhecidos como modelo moral para os outros. Já os *outsiders* formam um grupo heterogêneo de pessoas unidas por laços sociais de menor intensidade. Como observa Neiburg, os *outsiders* existem no plural por não constituírem determinado grupo social. O par estabelecidos-*outsiders* esclarece o funcionamento das relações de poder na sociedade. (Elias, 1994, p. 7)

Elias iniciou a pesquisa para escrever *Os estabelecidos e os outsiders* motivado pelo elevado índice de delinquência observado por moradores de um dos bairros da região ficticiamente chamada de Winston Parva. Com o passar dos anos, a área considerada mais nobre do local passou a ter os mesmos índices de delinquência que o outro bairro estigmatizado. No entanto, a imagem que os bairros mais antigos tinham da região mais recente permanecia rotulada como inferior (Elias, 1994, p. 15). Indivíduos de grupos com maior poder representam a si mesmos como humanamente superiores. Grupos mais poderosos veem-se como pessoas melhores, que compartilham uma virtude específica. Em Winston Parva, o grupo estabelecido atribuía características humanas superiores a seus membros, excluindo do convívio não profissional os membros do outro grupo. O controle desse processo se dava por meio de fofocas elogiosas e da ameaça de fofocas depreciativas. Elias (1994, p. 20) acrescenta um elemento fundamental para o entendimento do processo de estigmatização: a fofoca. Nem Goffman nem Becker utilizam o termo, embora se refiram ao processo de visibilidade pública da característica desabonadora. Os estabelecidos atribuem ao conjunto do grupo *outsider* as piores características de sua pior parte. A possibilidade de um grupo lançar sobre o outro um rótulo de inferioridade humana e destacá-lo é resultado de uma sociodinâmica. A abordagem mais comum ao falar-se de estigmatização social é aquela que a configura como um desapreço acentuado por outras pessoas como indivíduos.

Conceitua-se esse tipo de observação como preconceito. Elias chama a atenção, no entanto, para a diferença entre a estigmatização grupal e o preconceito individual, e afirma ser necessário relacioná-los.

Nesse ponto ele demonstra que, para configurar a exclusão, é necessário basear a análise da situação na interdependência dos grupos, e não nas qualidades individuais das pessoas envolvidas. O estigma imposto pelo grupo mais poderoso tende a contaminar a autoimagem do outro grupo, enfraquecendo-o e desarmando-o. Quando a capacidade de estigmatizar diminui ou se inverte, os antigos *outsiders* tendem a retaliar. Há uma complementaridade entre carisma e desonra grupais. Os estabelecidos perpetuam o tabu contra um contato mais estreito com os *outsiders*, de geração para geração. Participar na superioridade de um grupo é uma recompensa por submeter-se às suas regras. Cada indivíduo deve pagar esse preço, seguindo padrões de controle dos afetos. Há uma associação entre a superioridade de forças e o mérito humano.

Os *outsiders* são aqueles que não seguem as restrições. Eles são vistos como anômicos, fazendo que o contato íntimo com eles seja desagradável. Ter contato com *outsiders* pode fazer que o inserto tenha seu *status* rebaixado dentro do grupo. Elias (1994, p. 27) argumenta que a estigmatização possui um efeito paralisante em grupos com menor poder. Em casos extremos, em que as diferenças de poder são muito grandes, os *outsiders* são vistos como sujos e quase inumanos. Para Elias (1994, p. 30-3), "dê-se ao grupo uma reputação ruim e é capaz que ele corresponda a essa expectativa".

Em *Covering*, Kenji Yoshino relaciona sua experiência como descendente de japoneses radicado nos Estados Unidos à camuflagem de traços identitários (que ele chama de *covering*, recuperando o conceito original de Goffman) como um recurso comumente utilizado na sociedade norte-americana para que indivíduos considerados diferentes consigam algum nível de inserção social. Embora reconheçamos que a sociodinâmica nos Estados Unidos tem peculiaridades relativas ao seu processo histórico, não podemos deixar de observar que lá também há disputas de grupos pela sobrevivência, o que significa lutas por poder e, portanto, o estabelecimento de regras que legitimam esses grupos, fazendo que aqueles que não sigam as regras sejam estigmatizados como *outsiders*. A sociologia do desvio, então, tem reverberações hoje e não poderia deixar de ter nos anos 1980, quando Almodóvar produziu os filmes que serão analisados com base nas teorias estudadas até aqui. Embora existam autores que caracterizem a pós-modernidade em função de uma transitividade das identidades nos fluxos informacionais contemporâneos, não nos parece que essa transitividade tenha eliminado a necessidade de associação do homem em grupos, um aspecto universal, assim como a criação de regras que legitimam esses grupos e, portanto, a possibilidade de uma perspectiva contrária ao normativo caracterizar a marginalidade.

A cosmética do desvio: indicações para rotas alternativas ao império do consumerismo

Claramente inspiradas pela cultura e contracultura norte-americanas, Madri e Barcelona tornaram-se, ainda durante o regime franquista, centros de uma produção cultural altamente criativa, expressa não só em filmes, como também em histórias em quadrinhos, moda e um determinado estilo de vida muito semelhante àquele cultuado ao redor de Andy Warhol em Nova York. Não é à toa que Almodóvar costumava ser apresentado em reuniões e jantares como o Warhol espanhol (Strauss, 2006, p. 1).

Assumidamente influenciado por John Waters, Pier Paolo Pasolini, Cecil B. De Mille, Frank Tashlin, Blake Edwards, Billy Wilder, Stanley Donen, Visconti, Antonioni, Otto Preminger, Lubitsch, Preston Surges, Mitchell Leisen, Bergman e Alfred Hitchcock, Almodóvar construiu sua carreira informado por diversos gêneros cinematográficos: *screwball comedies*, *thrillers*, épicos, neorrealismo italiano, *nouvelle vague* francesa, expressionismo alemão, filmes *noir* e melodramas. A falta de uma qualificação profissional específica na área de cinema foi compensada pelo voraz consumo de filmes das mais variadas procedências (*ibidem*, p. 2-3). Em entrevista, o cineasta revela que percebeu, desde criança, haver algo de "errado" com ele pela forma como o tratavam. Em suas interações sociais não lhe faltaram olhares de reprovação e certo estímulo à anomia. Mesmo em família, Almodóvar não fazia ideia do que reprovavam, apenas isolava-se a ponto de ser hostilizado ao comentar sobre seus interesses cinematográficos e literários desde os 10 anos de idade, imediatamente reconhecidos como impróprios mundialmente para um estudante de uma escola católica tradicional (*ibidem*, p. 5).

O *enfant terrible* do cinema espanhol, um dos mais criativos e polêmicos da atualidade, apresenta aos espectadores uma obra baseada na representação dos desvios humanos. A quase totalidade de suas personagens apresenta algum traço comportamental desviante dentro do conceito da sociologia do desvio, importante segmento da sociologia cujos principais autores de referência são Becker, Goffman, Elias, e, recentemente, Yoshino. Esse aspecto atravessa toda a filmografia do diretor e constitui realmente um tema de seu interesse: ele o enfatiza. Temas fortes, tabus sociais como o incesto, a bissexualidade, a pedofilia e os distúrbios mentais compõem, ao lado de outros tópicos mais comuns nos meios de comunicação, como homossexualidade, violência e uso de drogas, um retrato crítico da sociedade espanhola, que, ao representar com maestria um contexto bem localizado, se universaliza. Almodóvar arromba os limites dos bons costumes e saqueia as referências da alta cultura cinematográfica liquidificando-a com uma hélice *pop*.

No início dos anos 1980, Madri vivenciou *La movida madrileña*, uma reação ao *Movimiento franquista*. O título também pode ter sido criado a partir de uma referência ao uso de drogas: fazer uma *movida*, segundo Javier Escudero (citado por D'Lugo), significava comprar drogas. O rompimento com as tradições culturais da Espanha totalitária de Franco envolveu os artistas no que D'Lugo explica ser o *pasotismo*, espécie de estilo pautado pela indiferença, letargia e despolitização. Almodóvar explica:

> Existia uma diversão independente. Você fazia coisas porque era divertido fazê-las. De certa maneira, a frivolidade tornou-se uma posição política de forma a impor um estilo de vida que rejeitava o tédio com veemência. A alienação daqueles anos foi uma resposta muito saudável a toda a desastrosa atividade política que não conquistou nada. (D'Lugo, 2006, p. 18)

A transição de regimes autoritários para a democracia, em geral, é precedida por uma espécie de produção cultural que anuncia os anseios de liberdade de expressão. Essa produção pode ser categorizada como contracultura e, de maneira alguma, fica restrita aos movimentos artísticos ligados à esquerda pós-1968. Goffman e Joy (*apud* Sirius, 2007, p. 13) mostram que o conceito de contracultura aplica-se a diversos períodos históricos distintos, desde a Grécia Antiga até os dias atuais:

A contracultura é "ruptura" por definição, mas também é uma espécie de tradição. É a tradição de romper com a tradição, ou de atravessar as tradições do presente de modo a abrir uma janela para aquela dimensão mais profunda da possibilidade humana que é a fonte perene do verdadeiramente novo – e verdadeiramente grandioso – na expressão e no esforço humano. Dessa forma, a contracultura pode ser uma tradição que ataca e dá início a quase todas as outras tradições (Sirius, 2007, p. 13).

Segundo Goffman e Joy (*apud* Sirius, 2007, p. 50), as contraculturas:

- afirmam a precedência da individualidade acima de convenções sociais e restrições governamentais;
- desafiam o autoritarismo de forma óbvia, mas também sutilmente;
- defendem mudanças individuais e sociais.

A principal característica de um indivíduo contracultural é seu compromisso com a mutabilidade: os autores identificam nesse agente um processo fluido que admite constante transformação na identidade pessoal, nos interesses e nos objetivos. Pessoas contraculturais realizam o que Nietzsche chamou de "transposição dos valores" – a filosofia de vida que depende de permanente transformação de valores, percepções e crenças, como um objetivo em si (Sirius, 2007, p. 53).

Pedro Almodóvar migra da Espanha rural para uma das mais importantes metrópoles do mundo, Madri, e é lá, em plena década de 1970, quando o regime político autoritário de mais de 30 anos no país começa a ceder espaço à ordem democrática, que ele se junta a outros artistas. Inspirado por ícones da comunicação de massa, frequentemente citados em seus filmes – no movimento *punk* inglês e na *Pop Art* capitaneada por Warhol em Nova York –, Almodóvar reconfigura a cinematografia espanhola documentando a ansiedade da juventude madrilenha por novos estilos de vida que os permitiriam ser mais autênticos e livres. Informado por *Hollywood* e pelo cinema de autor europeu, combinando *camp*, *kitsch* e a *cultura de la pluma*, o diretor de cinema parte de uma realidade estigmatizada como marginal. É a ascensão da cultura jovem como definidora dos parâmetros simbólicos de um novo país e de uma nova ordem global em processo de mundialização via consumo. Canevacci e Maffesoli analisam esse fenômeno em suas obras.

Em junho de 1977, o historiador Marti i Rom comenta que a realização das primeiras eleições gerais no país, após longuíssima ditadura, dava uma sensação de "agitação e conscientização" generalizadas: finalmente, a política e a cultura haviam abandonado as catacumbas, saindo das "cloacas (e prisões) às quais o franquismo as havia confinado" para "inundar o espaço público" (Marti i Rom, 1983, p. 141). Independentemente de essas eleições terem dado vitória aos "herdeiros" de Franco, disfarçados agora sob o manto da UCD (Unión de Centro Democrático), a Espanha se fazia em festa. Franco estava morto e seu famigerado regime definhava a olhos vistos. Nesse mesmo período, Almodóvar trabalhava sobre o roteiro daquele que seria seu primeiro filme comercial, *Pepi, Luci, Bom e outras garotas de montão* (1980) (Silva *apud* Cañizal, 1996, p. 54).

Na abertura desse filme, um *travelling* parte da janela da protagonista, mostrando pés de maconha plantados em vasos caseiros e expostos ao sol na sacada de um apartamento. Pepi (Carmem Maura) folheia um álbum de figurinhas adesivas do filme *Superman*. Um homem (Félix Rotaeta) toca a campainha e bate fortemente na porta. Pepi abre e ele se identifica como policial. Ao ameaçá-la pelo cultivo de mudas de maconha, Pepi resolve oferecer sua genitália para que ele se satisfaça oralmente. O policial aceita o convite e acaba tirando a virgindade de Pepi. Ela grita. Surge um letreiro: "Pepi está sedenta de vingança!", e a narrativa do filme se desenvolve a partir daí.

Para D'Lugo (2006, p. 24), o primeiro filme de Almodóvar representa a tensão política do processo de transição democrática. O diretor espanhol investia contra o cinema de autor da Espanha dos anos 1970, reduzindo a memória do regime franquista a situações altamente paródicas como o episódio das "ereções gerais". Acevedo-Muñoz (2007) reconhece no primeiro filme de Almodóvar todas as referências que fundamentarão seu trabalho futuro. A inspiração mais óbvia é a cultura jovem britânica dos anos 1960 e 1970, em especial o movimento *punk*. O filme revela os interesses da nova juventude madrilenha em moda, música, drogas e álcool. Para o autor (*ibidem*, p. 9), desde os créditos de abertura, desenhados à mão, Almodóvar representa uma espécie de estética do mau gosto. Diz ele (*ibidem*, p. 9): "Os personagens e situações dramáticas de Almodóvar são apresentados como caricaturas: aspectos exagerados, plausibilidade narrativa e ênfase na marginalidade"[1].

Para Cañizal (1996), Almodóvar se utiliza da autorreferencialidade no tratamento que dá à poética da família. O autor demonstra que o diretor se destaca em relação a outros realizadores do cinema espanhol de início dos anos 1980, cujas abordagens do tema família ficaram datadas. Cañizal (*ibidem*, p. 32) reconhece a circulação de novos "tipos" urbanos em Madri como um aspecto importante a ser ressaltado como ponto de referência do filme.

1. Tradução livre do autor.

Ao observarmos com mais atenção as protagonistas do filme, podemos destacar algumas de suas características em relação à visão de marginalidade trabalhada por Goffman, Becker, Elias e Yoshino. Nesse primeiro longa-metragem, Almodóvar posiciona, no centro da narrativa, três mulheres, cada uma delas simbolizando uma concepção de feminilidade possível no início da década de 1980 na Espanha da transição. Ao dar voz a essas mulheres, o diretor já opera um deslocamento no discurso hegemônico do cinema espanhol do período. Poucos anos antes, as esposas eram obrigadas a obedecer a uma legislação que as categorizava como espécie de "posse" de seus maridos. As três personagens experimentam, ao longo da narrativa do filme, um processo de libertação análogo ao ocorrido na Espanha.

Referências bibliográficas

Acevedo-Muñoz, Ernesto. *Pedro Almodóvar* (World Directors Series). Londres: British Film Institute, 2007.

Almodóvar, Pedro. *Fogo nas entranhas*. Trad. Eric Nepomuceno. Rio de Janeiro: Dantes, 2000.

______. *Patty Diphusa*. 5. ed. Barcelona: Anagrama, 2007.

Aumont, Jacques. *A estética do filme*. Campinas: Papirus, 1995.

Becker, Howard. *Outsiders – Studies in the sociology of deviance*. Nova York: The Free Press, 1963.

Canevacci, Massimo. *Antropologia do cinema*. 2. ed. revista e ampliada. São Paulo: Brasiliense, 1990.

______. *Culturas extremas: mutações juvenis nos corpos das metrópoles*. Trad. Alba Olmi. Rio de Janeiro: DP&A, 2005.

Cañizal, Eduardo Peñuela (org.). *Urdidura de sigilos – Ensaios sobre o cinema de Almodóvar*. 2. ed. São Paulo: Annablume/Edusp, 1996.

Charney, Leo e Schwartz, Vanessa R. *O cinema e a invenção da modernidade*. São Paulo: Cosac & Naify, 2004.

D'Lugo, Marvin. *Pedro Almodóvar* (Contemporary Film Directors). Chicago: University of Illinois Press, 2006.

Debord, Guy. *A sociedade do espetáculo*. Rio de Janeiro: Contraponto, 1997.

Elias, Norbert e Scotson, John. *Os estabelecidos e os outsiders: sociologia das relações de poder a partir de uma pequena comunidade*. Rio de Janeiro: Zahar, 2000.

Elias, Norbert. *A sociedade dos indivíduos*. Rio de Janeiro: Jorge Zahar Editor, 1994.

Fischer, Sandra. *Clausura e compartilhamento: a representação da família no cinema de Saura e Almodóvar*. São Paulo: Annablume, 2006.

Freitas, Ricardo Ferreira. "Comunicação, consumo e moda: entre os roteiros das aparências". *Comunicação, Mídia e Consumo*, v. 2, n. 4, jul. 2005, p. 125-37.

Freitas, Ricardo Ferreira e Nacif, Rafael (orgs.). *Destinos da cidade: comunicação, arte e cultura*. Rio de Janeiro: Eduerj, 2005.

______. *Redes urbanas: comunicação, arte e tecnologia*. Rio de Janeiro: Eduerj, 2007.

Geada, Eduardo. *Estéticas do cinema*. Lisboa: Don Quixote, 1983.

Goffman, Erwin. *Stigma – Notes on the management of spoiled identity*. Nova York: Simon & Schuster Inc., 1963.

Jameson, Fredric. *As marcas do visível*. Rio de Janeiro: Graal, 1995.

______. *Pós-modernismo – A lógica cultural do capitalismo tardio*. São Paulo: Ática, 1997.

Jodelet, Denise (org.). *As representações sociais*. Rio de Janeiro: Eduerj, 2001.

Kracauer, Siegfried. *O ornamento da massa*. São Paulo: Cosac Naify, 2009.

Lopes, Denilson (org.). *Cinema dos anos 90*. Chapecó: Argos, 2005.

Müller, Jürgen. *Cine de los 80*. Barcelona: Taschen, 2002.

Marti i Rom, Josep-Miquel. "El cine espanhol después de Franco. De la politization al desencanto." In: Romaguerra, J. e Riambau, E. *La historia yel cine*. Barcelona: Editorial Fontamara, 1983.

Oliveira, Lúcia Maciel Barbosa de. *Corpos indisciplinados: ação cultural em tempos de biopolítica*. São Paulo: Beca, 2007.

Ramos, Fernão Pessoa (org.). *Teoria contemporânea do cinema.* v. II. São Paulo: Senac, 2005.

Sirius, R. U. *Contracultura através dos tempos – Do mito de Prometeu à cultura digital.* Trad. Alexandre Martins. Rio de Janeiro: Ediouro, 2007.

Strauss, Frederic. *Almodóvar on Almodóvar.* Ed. rev. Nova York: Faber and Faber, 2006.

Vanoye, François e Goliot-Lété, Anne. *Ensaio sobre a análise fílmica.* Trad. Marina Appenzeller. Campinas: Papirus, 1994.

Yoshino, Kenji. *Covering – The hidden assault on our civil rights.* Nova York: Random House, 2007.

Filmes em DVD

O que eu fiz para merecer isto? Direção: Pedro Almodóvar. Tesauro/ Kaktus Producciones Cinematográficas, 1984, 101 min.

Pepi, Luci, Bom e outras garotas de montão. Direção: Pedro Almodóvar. Fígaro Films, 1980, 82 min.

Filmes em VHS

Labirintos de paixões. Direção: Pedro Almodóvar. Alphaville, 1982, 100 min.

Maus hábitos. Direção: Pedro Almodóvar. Tesauro, 1983, 114 min.

capítulo cinco

Crônicas da família e da cidade: relações familiares contemporâneas e "transgressão" nas cidades de Almodóvar e Manoel Carlos

Luiz Eduardo Neves Peret

Duas cidades, dois grandes contrastes internos. Em 1º de novembro de 2009, o Rio de Janeiro recebeu a 14ª edição da Parada do Orgulho LGBT (lésbicas, *gays*, bissexuais, travestis e transexuais), evento que atrai anualmente milhares de militantes e turistas brasileiros e estrangeiros – nesse ano, como em 2008, a contagem ultrapassou um milhão de pessoas. No dia seguinte, a cidade foi eleita o "melhor destino *gay* do mundo" na 10ª Conferência Internacional de Turismo LGBT, promovida pelo canal norte-americano Logo, da MTV.

O Rio de Janeiro já tinha sido eleito o melhor destino turístico da América do Sul e a cidade mais cordial, além de ter sido escolhido como sede das Olimpíadas de 2016. Antes disso, em 2014, o Maracanã será palco da final da Copa do Mundo. Para o prefeito Eduardo Paes, "o título de melhor destino gay é mais um reconhecimento da hospitalidade do nosso povo, que faz todos os visitantes se sentirem em casa" (G1, 2 nov. 2009).

Porém, parece haver uma incoerência debaixo de toda essa alegria. O Rio de Janeiro é uma cidade de grande apelo turístico; notoriamente, é palco de inúmeros eventos de grande porte ao longo do ano inteiro, mas também é famoso por problemas de infraestrutura, denúncias de "maquiagem urbana" e superfaturamento de obras em alguns megaeventos, além do cotidiano de violência estampado nos jornais diários.

No caso específico dos que votaram na cidade como melhor destino *gay*, a situação é mais esdrúxula. O Brasil não tem leis que criminalizem a homofobia (aversão e ódio a homossexuais), nem que garantam direitos básicos à população LGBT, como o reconhecimento da união estável (e todos os direitos patrimoniais, securitários e pecuniários daí oriundos, que já são comuns para casais heterossexuais) e o direito de adotar crianças. Cerca de 80 direitos "comuns" são a eles negados.

Daí se pergunta: por que o Rio de Janeiro atrai tantos turistas e leva *gays* de todo mundo a votar na cidade como o melhor destino para suas viagens, quando ela tem tantos problemas internos e a população *gay* é particularmente vulnerável, sem reconhecimento público e legal de sua existência e, portanto, vítima em potencial de mais violência do que a população heterossexual?

Barcelona, que concorria em várias categorias no mesmo concurso que o Rio venceu, obteve uma ótima colocação: ultrapassou Londres como "melhor destino *gay* e cidade mais *sexy* da Europa", perdendo apenas para Amsterdã. Considerando que a Holanda é um dos países pioneiros na concessão de direitos e na proteção da população LGBT, o resultado era até esperado.

Ainda assim, Barcelona atrai milhões de turistas *gays* todos os anos, mesmo sendo uma cidade com forte influência católica em seus quase dois mil anos de história. Justamente por essa presença religiosa e a sua tradição histórica, a cidade foi escolhida para o lançamento de uma campanha em favor do ateísmo na Europa no início de 2009 (*O Estado de S.Paulo*, 9 jan. 2009). A cidade também foi palco do primeiro casamento *gay* legalizado na Espanha, em 2004, bem como da primeira adoção por casal do mesmo gênero, dois anos depois. Tal como o Rio, Barcelona suscita grande controvérsia com a luta por direitos da população LGBT e a "transgressão" dos modelos conservadores.

As duas cidades compartilham outro aspecto em comum: mais do que cenários, são tratadas como personagens de crônicas urbanas, participando das tramas com elementos particulares e únicos. Barcelona tem papel de "mãe", acolhendo (ou escondendo) filhos "perdidos" no filme *Tudo sobre minha mãe* (Espanha, Pedro Almodóvar, 1999). O Rio – em especial a Zona Sul – é marca registrada das novelas de Manoel Carlos, cuja obra também se caracteriza pela discussão das relações familiares. Destaca-se *Mulheres apaixonadas* (2003), que levou ao público, entre várias situações, um debate sobre a homossexualidade feminina na adolescência e a reação de parentes e colegas de escola. Por meio da análise dessas produções e das cidades retratadas nelas, discutiremos os conceitos de família e "transgressão" na contemporaneidade.

A análise de conteúdo como ferramenta investigativa

O objetivo deste artigo é analisar as relações de gênero, sexualidade e família na contemporaneidade, sob a ótica de dois autores cujo trabalho coloca esses elementos em direta conexão com a vida urbana. Na visão deles, a cidade não é só cenário e pano de fundo, mas tem aspectos únicos, que participam da trama – a cidade está "viva". Para estudar adequadamente as duas produções, o método escolhido foi a análise de conteúdo, especificamente o procedimento que se conhece como etnografia de tela.

A análise de conteúdo é um protocolo frequentemente usado em estudos sobre estereótipos de gênero na mídia. Embora essa forma de análise se preocupe basicamente com a denotação, avaliando a linguagem direta e objetiva dos veículos informativos, ela também obtém dados numéricos importantes, além de ser usada para investigar o emprego de determinados signos pela mídia – e a possível intenção por parte dos seus produtores.

Tais análises têm sido bastante prolíficas e muito usadas nas últimas décadas. Rial (2005) destaca exemplos dos primeiros estudos desse tipo feitos nos Estados Unidos: Seggar e Wheeler, em 1973, (*apud* Rial, 2005) constataram que, nas ficções da TV, as profissões atribuídas às mulheres eram "inferiores" às dos homens – eles apareciam como engenheiros, médicos e advogados; elas, como enfermeiras, professoras primárias e secretárias. Welch *et al.*, em 1979, (*apud* Rial, 2005) demonstraram que os anúncios de brinquedos dirigidos ao público infantil masculino tinham mais cortes e cenas de movimento do que os anúncios voltados para meninas, indicando uma preferência na representação associativa de ação e esportes para meninos e tranquilidade, temas familiares e passividade para meninas.

A etnografia de tela (Rial, *op. cit.*) é uma metodologia que transporta para o estudo do texto da mídia procedimentos próprios da pesquisa antropológica (como a longa imersão do pesquisador no campo, a observação sistemática e o registro de campo), associados a métodos da crítica cinematográfica (estudo de planos, movimentos de câmera e opções de montagem, entre outras).

Para que nossa análise tenha respaldo na avaliação dos elementos constitutivos dos casos estudados, é importante explicitar a questão da autoria no cinema e na telenovela, além de estabelecer a posição desses dois produtos como "crônicas" representativas da vida urbana e do cotidiano.

Crônica de diretor, crônica de autor: o cinema e a telenovela

Desde sua invenção, o processo de filmagem e gravação de imagens tem sido associado à vida familiar e social. As primeiras experiências dos irmãos Lumière mostram a saída dos trabalhadores de uma fábrica, um trem chegando à estação, reuniões familiares nos fins de semana e até passeios em parques. Segundo Silva (*apud* Borelli e Freitas, 2009, p. 172), eram "registros que pretendiam não só aglutinar o conteúdo temporal da recordação, como nas fotografias, mas também transformar as atividades corriqueiras da vida cotidiana em algo pitoresco e espetacular".

Por ser uma "obra coletiva", geralmente realizada pelas mãos de uma ou mais equipes, o cinema proporciona um campo instigante para a discussão da autoria. Nos primeiros anos de seu processo de industrialização, ele ainda dependia muito da literatura para ganhar o gosto popular, narrando histórias em um formato que o público conhecia. Por isso, o papel do escritor foi fortalecido nessa fase inicial.

Porém, com o surgimento dos grandes estúdios e produtores, sobretudo nos Estados Unidos, o escritor (roteirista) passa a ser um trabalhador de mercado, subjugado ao interesse dos patrões. Os críticos franceses, em resposta a essa situação, afirmaram a autoridade do diretor em oposição à "ditadura dos estúdios": o ato de escrever o roteiro de um filme não implicaria considerar autor o roteirista, mas sim o diretor. Um de seus argumentos principais era de que o instrumental literário do roteiro foi acrescido de uma identidade tridimensional típica do teatro (cenários, iluminação, marcação dos atores, sincronia das falas), além de elementos próprios da gravação da imagem, como os cortes e a montagem (Nogueira, 2002, p. 30).

Surgiu uma grande polêmica nas teorias de autoria, opondo críticos e pensadores norte-americanos e franceses. Enquanto nos Estados Unidos um forte movimento valorizava o trabalho do roteirista (vinculado ao estúdio e, portanto, "inferior e subserviente" aos interesses do produtor), os franceses usaram justamente famosos diretores norte-americanos – como Orson Welles e Alfred Hitchcock – como exemplos do "cinema de diretor", que iria contra a corrente da produção cinematográfica industrial que prevalecia (e ainda prevalece) nos Estados Unidos (Nogueira, 2002, p. 34-5).

A situação na TV seguiu um rumo diferente. Observe-se o caso brasileiro: a consolidação dessa indústria ocorreu rapidamente, se considerarmos que a TV chegou ao Brasil em 1950 e, no início da década seguinte, milhares de lares já tinham o aparelho e demandavam informação e entretenimento. Da radionovela, que tinha feito enorme sucesso nos anos 1940, migraram para a TV autores, diretores e artistas. O teleteatro encenado ao vivo nos anos 1950 deu lugar ao melodrama com verniz estrangeiro e exótico nos anos 1960, que por sua vez caiu em desuso diante da preferência dos autores pelo estilo da "crônica do cotidiano", absorvendo elementos da cultura urbana e regional (Peret, 2005, p. 71-6).

Nesse ambiente, a autoria tem um valor diferenciado daquele do cinema. O diretor cinematográfico é considerado o "autor" da obra por ser seu principal realizador, gerenciar a equipe e comandar o *mise-en-scène* que a distinguirá da peça literária. Ele também é, na maioria das vezes, o próprio roteirista do filme, ou pelo menos faz parte da equipe de escritores e/ou adaptadores do texto original para a tela. Já "na televisão, o autor é aquele que escreve e interfere em boa parte da produção. Pode-se sinalizar a autoria por meio dos conceitos de 'liderança' e 'autor-produtor'. A liderança vincula-se à forma de produção do texto da telenovela" (Nogueira, 2002, p. 83).

É nesses dois contextos que se destacam nomes como Pedro Almodóvar, no cinema internacional, e Manoel Carlos, na TV brasileira, homens cujas vidas estão totalmente entremeadas na criação de suas obras. Chamam a atenção duas características em comum em ambos: uma é a apropriação do espaço urbano em que se passam suas histórias, tornando-o um componente ativo delas, como veremos mais adiante. A outra é a preocupação em levar ao público temas sensíveis e importantes, principalmente ligados à família como uma instituição que, apesar de todo um processo de "naturalização" de determinados formatos tradicionais, tem experimentado enormes mudanças nas últimas décadas, para horror dos mais conservadores.

Família *versus* "transgressão"

A definição acadêmica mais antiga – e ainda em uso – de "transgressão" data do reinado de Jaime I, na Inglaterra. À época, o *Oxford Dictionary* definia "transgressão" como "travessia além do limite, violação e pecado", com forte conotação sexual e em sentido contrário à moralidade da estrutura familiar (Oxford, 1989).

Os exemplos que ilustram o verbete são citações de Shakespeare: em *Vida e morte do Rei João* (ato I, cena I), Lady Falconbridge alega que seu adultério não foi uma "transgressão", porque foi o resultado da pressão que Ricardo Coração de Leão exerceu sobre ela, e não de um desejo dela própria; em *Muito barulho por nada* (ato II, cena I), Benedict afirma que não se casará com Hero porque ela traz consigo "o peso de tudo o que Adão perdeu por sua transgressão". Os dois casos indicam forte conotação sexual e uma relação direta entre conhecimento ilícito e conhecimento *sexual* ilícito (a "perda da inocência"). Também afirmam que a transgressão é um ato individual – e, geralmente, realizado pela mulher, portanto um ato "feminino".

Apesar de a transgressão ser um ato individual, sua exposição em obras de arte, peças, filmes e novelas gera a oportunidade de uma ressonância coletiva e social desses atos individuais, que pode ecoar na plateia e na sociedade. Em sua época, Shakespeare representava a transgressão tanto para divertir quanto para fazer pensar. A tendência dramatúrgica continua nos dias atuais e talvez nunca tenha sido tão popular nas artes desde a modernidade e a ascensão dos movimentos sociais em favor das minorias (étnico-raciais, regionais, de gênero e sexualidade), que questionam o *status quo* discriminatório, o qual, em alguns casos, ainda prevalece.

Enquanto nossa Constituição declara a igualdade de todos os cidadãos e proíbe a discriminação (manifestação social do preconceito), já existindo leis municipais e estaduais que criminalizam determinados tipos de tratamento discriminatório à identidade de gênero e sexualidade, o problema percorre um viés cultural mais profundo, que dificulta sua resolução.

O fato é que o conceito de "família", historicamente enraizado em nossa sociedade, é restrito demais, fechado em uma situação "ideal" para o sistema conservador, que é a unidade familiar monogâmica, formada pelo casal heterossexual com filhos. Qualquer modelo diferente ainda é visto com estranheza por muita gente e tratado de variadas maneiras, desde um silencioso mal-estar quando as pessoas se defrontam com situações que desconhecem, até a rejeição pura e simples.

A união estável sem casamento, o divórcio, o adultério, a bi e a poligamia e até o segundo casamento após a viuvez se revezaram ao longo do tempo como alvo de fofocas e estranheza. Algumas situações, como a bi e a poligamia, ainda são criminalizadas. Outras são legalmente reconhecidas, como o divórcio, mas ainda há quem as estranhe. E há outros fatores para levar em consideração, como a distinção socioeconômica. Segundo Fonseca (2005, p. 58),

> entre solteiras das camadas médias-altas, o nascimento de um filho pode ser apresentado como uma prática ultramoderna, a "produção independente". A mulher pobre, em semelhante situação, dificilmente escaparia ao estigma de "mãe solteira". No caso do executivo divorciado e recasado diversas vezes, rodeados de filhos e enteados, falamos de um "novo arranjo familiar" ou, mesmo, de uma "família pós-moderna". O homem pobre em situação análoga seria, sem dúvida, responsabilizado por ter criado uma "família desestruturada".

Nesse contexto, em que qualquer arranjo que se "desvie" da família conjugal é visto como "problemático para o desenvolvimento normal da criança", o pai/mãe ou pais homossexuais são ligeiramente piores do que mães solteiras ou pais separados. Isso acontece porque o comportamento sexual é sempre analisado pelo senso comum de forma distante da ideia de família.

A estrutura familiar se organiza em torno de noções de hierarquia, autoridade, reciprocidade e afeto – e é inevitável pensar nela em termos de gênero, geração, parentesco e individualidade (Scott, 2005,

p. 43). O sexo, mesmo sendo um meio necessário para a perpetuação da espécie (e a noção biológica de que "sexo é só para procriação" é uma das mais usadas pelos que refutam a viabilidade da família homoafetiva), é distanciado e isolado, pouco citado inclusive no círculo familiar. Ele tem sido tratado quase como um "mal necessário", por conta da tradição judaico-cristã que associa o sexo – e especialmente o *conhecimento sobre o sexo* – ao pecado e à transgressão.

Ironicamente, as pessoas e instituições que condenam a relação homoafetiva parecem "esquecer" que existem o casamento de pessoas estéreis ou incompatíveis para a reprodução, o relacionamento afetivo-sexual na terceira idade e a família monoparental. Para essas pessoas e instituições, o "problema" é a sexualidade das pessoas que querem constituir unidades familiares reconhecidas. Conforme alerta Fonseca (2005, p. 53; 58-9),

> Quando a sexualidade invade o terreno da família, pronunciamentos sobre o comportamento homossexual se afastam rapidamente da categoria "normal", recuando para o território do "perigoso" ou "potencialmente nocivo", sem falar do "perverso". [...] Paira sobre o todo – tanto pobres como homossexuais – o fantasma do abuso sexual de crianças, como se adultos dessas famílias fossem mais dados à pedofilia do que qualquer outro, como se uma "transgressão" (social, econômica, sexual) levasse automaticamente a outra.

Essa distorção, que aflige particularmente a população LGBT, tem sido fortalecida por maciças campanhas midiáticas das igrejas neopentecostais de tendências ultraconservadoras (algumas das quais também têm influência na arena política). Estas oferecem, além da possibilidade de salvação e "cura" da homossexualidade, uma base filosófica sólida e tradicional para as pessoas se ancorarem em meio ao que elas percebem como o "caos moral" da contemporaneidade.

Daí a importância de debater em profundidade novas legislações, a manutenção do Estado laico e o papel dos produtos da mídia em tais situações de verdadeiro enfrentamento ideológico. É nesse contexto que se fazem presentes artistas, cineastas e autores com coragem para abrir novos espaços de discussão e reflexão. Aqui se destacam, entre outros, Pedro Almodóvar e Manoel Carlos.

Mães, monumentos, travestis e prostitutas: Almodóvar e tudo sobre Barcelona

"Polêmico" é um dos adjetivos que vêm à mente quando se pensa no espanhol Pedro Almodóvar (1949-), um diretor que sempre se dedicou a levantar questões polêmicas – especialmente sobre família, gênero e sexualidades "transgressoras" – com grande poesia e sensibilidade, mas sem meias palavras (nem meias imagens).

Sua carreira cinematográfica começou com filmes em Super 8 em meados da década de 1970, mas só começou a ter reconhecimento internacional a partir de 1980, com *Pepi, Luci, Bom y otras chicas del montón*, em que mostrava sem rodeios o universo das drogas, corrupção policial, sadomasoquismo e atividade *punk* em Madri. A cidade, ali, já era mais do que um cenário. É difícil imaginar suas histórias acontecendo em qualquer outra cidade. Ao mesmo tempo que mostra efeitos do multiculturalismo e da globalização, ele usa a cor local, valorizando aspectos específicos da polifonia urbana que envolve suas personagens.

O mesmo acontece em Barcelona, cidade magistralmente registrada em *Tudo sobre minha mãe* (1999), que ganhou o Oscar de melhor filme estrangeiro em 2000, além de outros 47 prêmios e mais 31 indicações (IMDB, 2009). O filme tem uma narrativa complexa e tensa, cheia de nuanças metalinguísticas sobre a própria arte dramática, além de discutir a hipocrisia das relações familiares socialmente estabelecidas, a invisibilidade da "transgressão" de travestis e prostitutas, a importância da doação de órgãos (metáfora da doação incondicional de amor) e o drama das pessoas que vivem com HIV.

Tudo sobre minha mãe é, antes de tudo, um filme sobre maternidade – não só no sentido de ter e criar filhos, mas também como forma de dar vida, criar e cuidar da vida de outros. A protagonista, Manuela (Cecília Roth), é mãe de Estebán (Eloy Azorín), que deseja ser roteirista. Inspirado pelo filme *A malvada* (cujo título original é *All about Eve*, ou *Tudo sobre Eva*), ele pretende escrever um roteiro intitulado *Tudo sobre minha mãe*. A vida de Estebán é marcada pela ausência do pai, sobre quem sua mãe não fala. Após um trágico acidente em que ele perde a vida (e Manuela, enfermeira e consultora de seminários sobre transplantes, toma a penosa, mas caridosa decisão de doar seu coração), sua mãe viaja até Barcelona para procurar Estebán (pai), hoje conhecido como a travesti Lola.

Almodóvar usa o retorno de Manuela para mostrar os contrastes da cidade: monumentos de séculos de idade e imponentes catedrais ao lado de becos e estradas isoladas, onde travestis se prostituem. Lá está uma face da cidade que se esconde de turistas, mas o diretor mostra com clareza. Como uma filha cuja mãe (a própria Barcelona) tenta esconder, mas deve ser trazida à frente. Daqui para a frente, Manuela depara com situações e pessoas antigas e novas, que vão mudar sua vida:

Rosa (Penélope Cruz), a noviça que faz campanhas de prevenção a DST/aids com prostitutas e travestis – mas, secretamente, está grávida de Estebán/Lola e foi infectada por ele/ela com HIV. É filha de uma mãe rica, triste e hipócrita (Rosamaria Sardá), que não concorda com sua vocação religiosa nem com suas companhias e os locais que ela frequenta, mas falsifica quadros de Chagall em seu apartamento enorme, velho e decadente.

Agrado (Antonia San Juan), a travesti católica, prostituta com fortes valores familiares, que só precisa de uma chance para sair da vida marginalizada. Em uma noite em que precisa subir ao palco e improvisar, resolve contar a história de sua vida. Ao falar das doses de silicone que injetou e do dinheiro que gastou com plásticas e modificações, ela diz: "Se é mais autêntica quanto mais se parece com o que sonhou para si mesma", provocando aplausos emocionados e uma profunda reflexão.

Huma Rojo (Marisa Paredes) e Nina (Candela Peña), sua companheira de palco – e de vida –, que interpretaram *Um bonde chamado desejo* na noite em que Estebán (filho) tentou alcançar seu carro para conseguir um autógrafo e foi atropelado. Manuela se aproxima das duas e repete a situação de *A malvada*, tomando o lugar de Nina em uma das apresentações da peça. Nina é viciada em drogas e inferniza a vida de Huma, tornando necessária a presença de alguém para equilibrar a situação.

E a própria Lola (Toni Cantó), que só aparece no enterro de Rosa – que morreu ao dar à luz um menino saudável, apesar das expectativas em torno de uma possível infecção. O filho ficou com Manuela, uma vez que sua avó não suporta nem tocá-lo.

Para todas essas pessoas, Manuela se torna uma figura materna e protetora. Ela cuida de Rosa quando esta se vê afastada da própria família, ajuda Agrado a sair da prostituição e trabalhar com Huma, cuida de Lola em seus últimos meses de vida e ainda adota o filho de Rosa. Ela demonstra que ser mãe é muito mais do que parir, ou do que criar uma criança – ser mãe é amar e doar, incondicionalmente.

Da mesma forma, Barcelona aparece em toda a sua glória, por meio de hospitais, prédios antigos, igrejas, farmácias, conventos e cemitérios. À noite, ela envolve e protege aqueles que não podem se mostrar à sociedade moralista. Todos os espaços públicos exibidos são locais de mudança, redenção, cura pessoal, evolução espiritual e esperança em meio a graves crises. Seria difícil imaginar *Tudo sobre minha mãe* acontecendo em outra cidade. Nesse filme, Barcelona é mãe, prostituta, travesti, católica e transgressora. Não é à toa que, nas duas vezes em que Manuela chega à cidade, ela antes entra por um túnel escuro: ela nasce novamente cada vez que retorna; uma nova vida a espera. E Barcelona é a mãe que dá à luz essa nova vida.

Apaixonado pelo Rio: Manoel Carlos e seus casos de família

Manoel Carlos (1933-) pode ser chamado de veterano da TV brasileira. Começou na carreira como ator e dirigiu vários programas, entre humorísticos e musicais. Estreou como autor de telenovela em 1978, com *Maria, Maria*. Na Rede Globo, também escreveu *A sucessora* (1978-79), *Baila comigo* (1981), *Sol de verão* (1982-83), *Novo amor* (1986), *História de amor* (1995-96), *Por amor* (1997), *Laços de família* (2000-01), *Mulheres apaixonadas* (2003), *Páginas da vida* (2006-07) e *Viver a vida* (2010). Quando não estava escrevendo para a Rede Globo, criou minisséries e telenovelas para a extinta TV Manchete e para emissoras estrangeiras.

Desde meados dos anos 1980, só pela leitura dos títulos de suas novelas é possível identificar um padrão claro. Ele retrata o amor, a vida em família, seus encontros e desencontros, concentrando-se no universo feminino. Em *Páginas da vida*, ele incluiu depoimentos de pessoas reais ao final de cada capítulo, dando nome e cara aos anônimos que compõem sua audiência. Esse recurso se repetiu em *Viver a vida*. Manoel Carlos parece preocupado em dar voz ao cidadão comum, sobretudo à mulher.

Mulheres apaixonadas é contemporânea à época em que foi transmitida e ambientada no Rio de Janeiro, em especial Copacabana (onde moram e trabalham várias personagens) e Barra da Tijuca (onde fica a Escola Ribeiro Alves – ERA). A trama é cheia de relações amorosas que se interferem mutuamente.

A história se concentra na vida de três irmãs casadas, Helena (Christiane Torloni), Heloísa (Giulia Gam) e Hilda (Maria Padilha). Helena, diretora da escola, tem um casamento estável, mas sem paixão, com Téo (Tony Ramos), músico. Os dois têm um filho adotivo, Lucas (Victor Curgula), filho de Téo, mas que Helena não sabe. Ela se reaproxima de um antigo amor, o neurocirurgião viúvo César

(José Mayer), que tinha um relacionamento extraconjugal com Laura (Carolina Kasting) e agora está interessado na médica Luciana (Camila Pitanga), a qual tem uma relação mal resolvida com seu primo, Diogo (Rodrigo Santoro), que começou a novela casando com a ciumenta Marina (Paloma Duarte), que engravidou para assegurar seu casamento.

A novela é, primariamente, uma crônica urbana sobre as mulheres, seus amores e problemas. Heloísa tem ciúme excessivo do marido e procura ajuda no grupo Mada (Mulheres que Amam Demais Anônimas); Silvia (Natalia do Valle), mãe de Marina, realiza fantasias extraconjugais com um taxista, namorado de sua empregada. Lorena (Susana Vieira), irmã de Téo e dona da escola, se relaciona com o jovem Expedito (Rafael Calomeni), filho do casal que trabalha para ela, complicando a relação patrão-empregado. A irmã de Expedito, Edwiges (Carolina Dieckmann), trabalha na ERA, é católica fervorosa e quer se casar virgem com o namorado, Cláudio (Erik Marmo). No hotel em que Hilda e Téo trabalham, mora a rica Estela (Lavínia Vlasak), que se apaixona por um padre e não descansa até conquistá-lo, fazendo-o desistir dos votos.

E há outras questões envolvendo mulheres. Dóris (Regiane Alves) abomina os idosos, inclusive o casal de avós. Santana (Vera Holtz) é alcoólatra, mas não assume. A professora Rachel (Helena Ranaldi) se relaciona com um aluno menor de idade, Fred (Pedro Furtado), e enquanto enfrenta problemas com a mãe do rapaz teme que seu violento ex-marido, Marcos (Dan Stulbach), de quem fugiu, reapareça em sua vida.

Entre os estudantes, destacam-se a filha do zelador, Paulinha (Ana Roberta Gualda), e o casal de adolescentes, Clara (Aline Moraes) e Rafaela (Paula Picarelli). Paulinha é bolsista, mora na escola, tem amor pelo dinheiro e inveja dos "colegas ricos". Ela é amarga, irônica, debochada, discute com todos e, em particular, despreza a relação de Clara e Rafaela. Clara também sofre pressão da mãe rica, fútil e preocupada com aparências, Margareth (Laura Lustosa), e seu pai, Roberto (David Herman), é ausente na maior parte da trama. As adolescentes protagonizaram o primeiro beijo homossexual registrado na história da telenovela brasileira. Aconteceu no último capítulo, em uma situação teatral (a cena final de *Romeu e Julieta*), e foi bastante artificial, mas ainda assim gerou polêmica entre grupos conservadores e movimentos sociais.

A presença do casal homossexual adolescente se antecipou a uma pesquisa feita em âmbito nacional, com apoio da Unesco, sobre a educação sexual, as ideias e o comportamento dos estudantes brasileiros em relação ao sexo. A pesquisa (Abramovay, 2004, p. 35-6) encoraja a possibilidade de outra forma de abordagem da educação para a sexualidade, pela descentralização do tema em campos interdisciplinares, favorecendo abordagens pluralistas e intercomplementares e uma comunicação maior entre professores e alunos.

Além de toda a tradição que Manoel Carlos construiu em sua carreira como diretor, *Mulheres apaixonadas* é uma novela altamente representativa de atitudes e comportamentos da vida cotidiana carioca. A escola, principalmente, se mostra como um terreno propício a uma série de discussões sobre a adolescência e a educação – e é um ambiente fechado, uma escola particular, cara e emblemática do ambiente adolescente de "classe A" da Barra da Tijuca.

A praia de Copacabana e a Zona Sul, em geral – repetidamente mostradas em *stock shots* constantes em todos os capítulos –, participam da vida diária de inúmeros personagens. Desde os passeios de bicicleta dos jovens até as caminhadas e idas às compras dos personagens idosos, a paisagem é mais do que um cenário: tal como acontece com o filme de Almodóvar, não é possível pensar uma novela atual de Manoel Carlos – especialmente uma novela tão entremeada de campanhas sociais e de elementos culturais específicos, como foi *Mulheres apaixonadas* – em outra cidade que não o Rio de Janeiro.

O autor aproveita ao máximo o clima que a cidade inspira e a sua imagem marcada no imaginário popular de todo o país. A novela exibe as belezas da cidade, naturais e construídas, intercaladas com os problemas que a permeiam: violência – conjugal, social, discriminatória, familiar e urbana –, medo, incertezas, hipocrisia, superficialidade, inveja, diferenças sociais e econômicas. Essa é uma cidade de contrastes e Manoel Carlos os mostra sem medo, mas sem deixar de se declarar sempre um apaixonado pelo Rio.

Considerações finais

As duas obras analisadas têm várias características em comum: apresentam diferentes modelos familiares, inclusive casais homossexuais, famílias monoparentais, relacionamentos afetivos na terceira idade, casais intergeracionais, filhos adotivos e relacionamentos extraconjugais.

Em ambas, tem-se uma família de classe socioeconômica alta, na qual a mãe é desumana, hipócrita, mais preocupada com aparências do que com a felicidade da filha – e, em ambos os casos, ela perde a oportunidade preciosa de se relacionar com a filha: no filme, Rosa morre e sua mãe jamais poderá se desculpar por todos os julgamentos errados que fez; na novela, Clara cumpre a promessa de sair de casa assim que completar 18 anos, e só depois Margareth consegue confessar que não suporta a sexualidade da filha unicamente porque tem vergonha do que suas amigas vão dizer.

As duas produções são marcadas por relacionamentos extraconjugais que acabam tendo mais valor e merecem mais reconhecimento do que os casamentos "de direito". Os autores parecem preocupados em demonstrar que não é a instituição nem o contrato oficial, mas o amor, o companheirismo e a verdade que fazem uma relação afetiva eficiente e duradoura.

Em ambos os casos estudados, protagonistas e coadjuvantes passam por inúmeros altos e baixos antes de alcançar a felicidade. Em alguns casos, a "transgressão" se mostra mais feliz do que a tradição, mesmo que se renda à moralidade hegemônica – Agrado, por exemplo, tem um final feliz, com um trabalho "digno" de secretária e assistente de produção, longe da prostituição (que ainda parece ser um beco sem saída). Enquanto Lola parece ser "castigada" com a aids por sua vida desregrada e pelo provável mal que causou a tanta gente, Rosa (que poderia ser interpretada como uma vítima infeliz de uma família decadente e circunstâncias adversas) deixa um "legado" vivo – o novo Estebán –, que trará mais alegrias à vida de Manuela. Nina e Huma se separam e Nina terá um casamento heterossexual, mas parece que Huma é mais feliz do que ela.

O mesmo acontece na novela: Expedito termina com Lorena e fica com a ciumenta Marina, voltando a se relacionar com alguém da sua própria faixa etária – mas, agora, ele não é mais o "filho dos empregados", um rapaz matuto e tímido, mas sim um experiente modelo, conhecedor do mundo e administrador da própria vida. Estela abandona sua fortuna para viver em um sítio com seu amado padre – a desistência dele dos votos pode ter escandalizado os católicos conservadores, mas "pelo menos" ele assumiu uma relação monogâmica e apaixonada (trocando uma tradição por outra). As adolescentes lésbicas também conseguem seu final feliz, indo morar juntas e constituindo uma nova família, distante da família de Rafaela (completamente ausente durante toda a novela) e da mãe superficial e hipócrita de Clara. Para elas, é um novo começo, o primeiro dia do resto de suas vidas – em uma relação com um forte viés heteronormativo, que parece ser a saída ideal para a aceitação e o respeito à família homoafetiva.

E, finalmente, nas duas produções, a vida na cidade é uma marca registrada da autoria – tanto do diretor quanto do escritor, cada um em seu ambiente de criação. A Barcelona de *Tudo sobre minha mãe* e o Rio de *Mulheres apaixonadas* são cidades vivas – com problemas como todas as outras metrópoles, mas com uma grande força interior, imensa capacidade de amar e muita esperança pelos dias que virão. São acolhedoras, participativas, sempre abertas a novos ciclos e recomeços, palcos de grandes eventos, destinos favoritos de viajantes, espaços de tradição e transgressão, ninhos ideais para novos modelos familiares. Talvez seja isso que atraia tantos turistas, cristãos e ateus, homofóbicos e *gays*, conservadores e transgressores, que chegam aos milhares e não querem mais ir embora.

Referências bibliográficas

ABRAMOVAY, Miriam; CASTRO, Mary e SILVA, Lorena. *Juventudes e sexualidade*. Brasília: Unesco, 2004.

BAUMAN, Zygmunt. *O mal-estar na pós-modernidade*. Rio de Janeiro: Zahar, 1998.

BORELLI, Silvia; ORTIZ, Renato; RAMOS, José Mario. *Telenovela: história e produção*. São Paulo: Brasiliense, 1989.

FERNANDES, Ismael. *Memória da telenovela brasileira*. 3. ed. São Paulo: Brasiliense, 1994.

FONSECA, Claudia. "Sexualidade, família e legalidade: questionando fronteiras". In: ÁVILA, Maria Betânia.; PORTELA, Ana Paula; FERREIRA, Verônica. *Novas legalidades e democratização da vida social: família, sexualidade e aborto*. Rio de Janeiro: Garamond, 2005, p. 53-64.

FORTUNA, Vania e FREITAS, Ricardo. "O Rio de Janeiro continua lindo, o Rio de Janeiro continua sendo um grande palco de megaeventos". In: BORELLI, Silvia; FREITAS, Ricardo. *Comunicação, narrativas e culturas urbanas*. São Paulo: Educ; Rio de Janeiro: Uerj, 2009, p. 99-117.

HALL, Stuart. *A identidade cultural na pós-modernidade*. 9. ed. Rio de Janeiro: DP&A, 2004.

NOGUEIRA, Lisandro. *O autor na televisão*. Goiânia: Editora da UFG; São Paulo: Edusp, 2002.

OXFORD. *Oxford English Dictionary*. 2. ed., v. XVIII. Oxford: Oxford University, 1989. Versão *online* disponível em: <http://www.askoxford.com>. Acesso em: 2 nov. 2009.

PERET, Eduardo. *Do armário à tela global: a representação social da homossexualidade na telenovela brasileira*. 2005. Dissertação (Mestrado em Comunicação), Universidade do Estado do Rio de Janeiro, Rio de Janeiro (RJ).

RIAL, Silvia. "Mídia e sexualidades: breve panorama dos estudos de mídia". In: BECKER, Simone; GOSSI, Miriam; LOSSO, Juliana *et al.* (orgs.). *Movimentos sociais, educação e sexualidades*. Rio de Janeiro: Garamond, 2005, p. 107-36.

SCOTT, Parry. "Família, moralidade e novas leis". In: ÁVILA, Maria Betânia; PORTELA, Ana Paula; FERREIRA, Verônica. *Novas legalidades e democratização da vida social: família, sexualidade e aborto*. Rio de Janeiro: Garamond, 2005, p. 43-52.

SENNETT, Richard. *Carne e pedra: o corpo e a cidade na civilização ocidental*. 2. ed. Rio de Janeiro: Record, 2001.

SILVA, Edmilson F. "Os centros urbanos na mira do curta-metragem". In: BORELLI, Silvia e FREITAS, Ricardo. *Comunicação, narrativas e culturas urbanas*. São Paulo: Educ; Rio de Janeiro: Uerj, 2009, p. 171-82.

Websites

GLOBO.COM (G1). "Rio é eleito melhor destino gay do mundo durante conferência nos EUA". Publicado em 2 nov. 2009. Disponível em: <http://g1.globo.com/Noticias/Rio/0,,MUL1363299-5606,00-RIO+E+ELEITO+MELHOR+DESTINO+GAY+DO+MUNDO+DURANTE+CONFERENCIA+NOS+EUA.html>. Acesso em: 15 nov. 2009.

THE INTERNET MOVIE DATA BASE (IMDB). Disponível em: <http://www.imdb.com/title/tt0185125/>. Acesso em: 2 nov. 2009.

O ESTADO DE S.PAULO. "Espanha também terá campanha ateísta". Publicado em 9 jan. 2009. Disponível em: <http://www.estadao.com.br/vidae/not_vid304952,0.htm>. Acesso em: 15 nov. 2009.

TRIPOUT GAY TRAVEL. Disponível em: <http://www.tripoutgaytravel.com/awards/>. Acesso em: 2 nov. 2009.

capítulo seis

Os limites entre os espaços do conhecimento e do consumo

Janete da Silva Oliveira

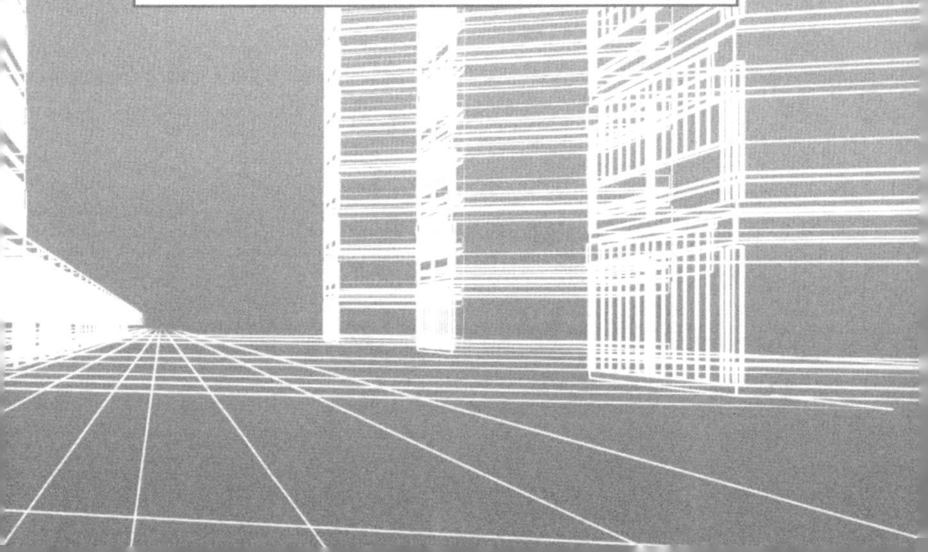

Diz-se que o grande empreendimento do Ocidente é a mercantilização do mundo, de tudo entregar ao destino da mercadoria. Parece, porém, que foi a estetização do mundo, sua encenação cosmopolita, sua transformação em imagens, sua organização semiológica.

BAUDRILLARD, 1992, P. 23

NOS ÚLTIMOS ANOS, TEMOS ASSISTIDO AO CRESCIMENTO exponencial de dois tipos de empreendimento na sociedade contemporânea: os *shopping centers* e as universidades privadas. Os centros comerciais ocupam um espaço crescente na vida urbana e gradualmente têm substituído aquilo que antes chamávamos de "centro da cidade". Devido à violência e ao caos urbano, muitas empresas, e até mesmo pequenos comerciantes, têm migrado para essa fortaleza contemporânea. As universidades não seriam exceções, pois fazem parte do desenvolvimento da cidade e acabaram também por se transferir para esse espaço. O nosso objetivo é analisar as nuanças teóricas desse deslocamento.

Acreditamos que estudar esse fenômeno no campo da comunicação é o mais pertinente, porque sem o rápido desenvolvimento da mídia esse processo talvez não se consolidasse da mesma forma ou com a mesma velocidade. Tanto que os dois assuntos têm estado constantemente nos veículos impressos e eletrônicos. O processo de valoração simbólica dos objetos perpetrado pelos meios de comunicação é uma das chaves para entender o nascimento do comportamento hedonista contemporâneo. Esse comportamento impulsiona a formação de novos grupos de convivência urbana que, na falta de utopias (falência dos grandes discursos: verdade, realidade, entre outros), elegem o consumo e seus representantes como tais. A mensagem que impregna tanto objetos como a publicidade dessas universidades é a de um presente atemporal, eterno que visa sempre maximizar o prazer e a realização pessoal do receptor. Aplicamos esse pensamento à mescla dos espaços da universidade e do centro comercial.

Analisando o papel da universidade na história, podemos perceber sua transformação ao longo do tempo. Na Grécia Antiga (embora não houvesse especificamente "universidades"), a educação em si foi um privilégio elitista; já na Idade Média, começou a se tornar um instrumento de consumo. Com a formação das cidades e da vida burguesa, oferecia-se um maior leque de opções. Surgiram então as corporações de ofício, um sistema que organizava de forma rígida e hierárquica a realização de determinada profissão. "O século XIII é o século das universidades porque é o das corporações" (Le Goff, 1989, p. 59). No entanto, com o fim da Idade Média as universidades se aristocratizaram e assumiram ares de nobreza, transformando o saber em um tesouro, um instrumento de poder.

Com a Revolução Industrial, novas necessidades de especialização e técnicas que permitissem uma qualificação de mão de obra acabaram por levar os mais pobres à escola. Desde então o dilema entre reflexão e técnica tem se estendido ao longo dos anos. O papel da universidade oscila hoje entre servir à lógica do mercado cada vez mais competitivo e exigente ou servir à reflexão científica.

Concomitantemente, temos a partir do surgimento da vida burguesa, do comércio, das corporações de ofício e, posteriormente, da indústria e da comunicação de massa uma privatização dos espaços que primariamente eram considerados públicos, como praças e ruas. Segundo Max Weber (1994, p. 37), por ocasião da Reforma

Religiosa, o colapso da tradição e com a "permissão" para a procura de lucros passa-se a perceber a iniciativa privada como um embrião do hedonismo contemporâneo como algo inevitável. Passamos do "eu preciso" para o "eu mereço".

No século XIX, o homem depara com novos códigos e, gradativamente, com outro imaginário social, dominado pelo consumo e pela competitividade da vida moderna, em que se passa mais tempo no trabalho do que em casa. Mais adiante, já no final do século XX, a família se constitui de modelos híbridos em que um ou outro personagem tradicional já não está presente e a comunicação desempenha um papel fundamental nesse processo, por meio de novos conceitos e modelos de comportamento apresentados na TV, em revistas e livros. Colin Cambpell (2001) enuncia esse movimento no que ele chama de Revolução de Consumo, iniciada nos séculos XVI/XVII. A partir de então, o consumidor tem ficado cada vez mais exigente e personalista na escolha dos produtos. O consumo de massa que caracterizava os primeiros anos da Revolução Industrial já não é suficiente para as necessidades cada vez mais subjetivas dos compradores. Em Grant McCracken (2003), há o entendimento de que os bens se transformaram em linguagem transferindo sentido do mundo da cultura para os objetos, e efeitos como o *trickle down* (processo de imitação das camadas mais baixas da moda das classes mais altas da sociedade) demonstram que os indivíduos passaram a encarar os produtos como parte da própria personalidade. Por isso, o ato de compra recobre-se de um caráter cada vez mais particular e deve se dar sob outras condições. Surgem então novos espaços onde o consumo pode acontecer de forma mais intimista e fragmentada, como as lojas de departamentos e, posteriormente, as galerias e *shopping centers*.

Essa privatização crescente dos espaços públicos nos leva à discussão da formação das tribos urbanas, decorrente da fragmentação do homem urbano. Essa fragmentação estimulada pela necessidade de personalização do consumo faz crescer a urgência de um lócus social onde essa pluralidade de signos e códigos trazidos pela pós-modernidade pudesse estar traduzida. O *shopping center* se constitui, então, como um desses lugares.

As pressões de privatização impostas pelo capitalismo industrial e a competitividade da vida urbana criam desejos de segurança e uma noção de diferenciação homogeneizada. Uma sensação do "estar junto", mas ao mesmo tempo "estar separado", ou seja, manter a individualidade intacta.

Ricardo Freitas (1999, p. 133) explica que, ao longo do século XX, essa mudança de comportamento é consolidada. A valorização crescente da privacidade e o sentimento de autossuficiência do indivíduo aliam-se à necessidade de segurança desse "eu", acabando por designar o *shopping center* como uma "solução arquitetural" dessa privatização de espaços.

É esse espaço destinado ao consumo e ao lazer que a universidade vem compartilhando progressivamente. O universo da reflexão e da pesquisa está agora inserido em um contexto que tem uma função, em princípio, contrária à da universidade, isto porque, segundo a tradição europeia, da qual o Brasil herdou boa parte da sua bagagem acadêmica, o conhecimento é tratado como "ciência pela ciência", sem ter como fim último a utilização pragmática das descobertas científicas. Então, enquanto uma tem o papel de disseminar o saber científico e promover uma reflexão sobre a realidade social, a outra tem o papel de perpetuar os fetiches consumistas e servir ao aperfeiçoamento do sistema.

A proposta da universidade tem se modificado ao longo do tempo. A universidade nasceu sob as bênçãos das corporações de ofício, que visavam disseminar e perpetuar o conhecimento técnico. Com o passar do tempo, essa função se transmutou não só numa comunicação do saber técnico, mas numa forma de pensar criticamente a realidade social, econômica e política. Eis então que o nosso problema emerge: como se opera essa convivência entre o espaço de ensino e pesquisa juntamente com o espaço do consumo?

Sabemos que não existe nenhum estudo específico sobre o compartilhamento de espaço entre universidade e *shopping center*. No entanto, o tema do centro comercial como ilhas de consumo e simulacros da cidade está presente em estudos atuais dos pesquisadores Ricardo Ferreira Freitas, Beatriz Sarlo e Robert Shields, e ainda temos a abordagem de Beatriz Jaguaribe sobre a Barra da Tijuca (RJ), polo concentrador do objeto de estudo. Com essa base tentaremos construir uma reflexão teórica sobre esses pontos, utilizando para isso vários outros autores que tratam de temas relacionados com o assunto.

Estudar como *shopping* e consumo ocupam o mesmo espaço e qual foi o caminho trilhado até essa etapa é o objetivo deste artigo. Para isso, vamos nos reportar ao que consideramos o marco inicial do processo de "revolução do consumo", entre os séculos XVI e XVII na Inglaterra.

Percebemos que a sociedade mercantil tem dado a tônica de várias práticas da vida social. No passado, essas estavam vinculadas a outros tipos de ética que não a de simples compra e venda de mercadoria, ou seja, dominadas pelo campo econômico.

No século XXI, tudo gira em torno da compra de bens e serviços, e podemos notar um grande crescimento no consumo de produtos supérfluos, embora esse termo possa ser dúbio, já que o valor de uso tem sido dado por julgamentos individuais, subjetivos. Produtos supérfluos seriam aqueles que de fato não têm utilidade prática, ou, mesmo que tenham, vão muito além do que se necessita em termos de preços ou funções, e cujo valor é dado pela marcação de *status*, pela flexibilidade da moda e dos meios de comunicação.

Esse ponto está mais relacionado com a questão simbólica do que propriamente com seu valor como objeto, seu valor de uso. Quando nos referimos a essa questão, estamos falando do significado dos objetos na sociedade de consumo, em uma criação de sentido que transcende o puro utilitarismo dos objetos. O significado se descola e adquire vida própria em um universo de imagens surgido nos meios de comunicação de massa. Esse problema foi abordado por Fritz Haug na *Crítica da estética da mercadoria* (1997), com inspiração no conceito marxista do "fetichismo da mercadoria". Tal conceito foi desenvolvido por Marx, que explica como a mercadoria se apropria do trabalho social e como essa parte sensível do homem se relaciona com a sociedade por meio da circulação de mercadorias. Em outras palavras, como a sociedade se relaciona com as mercadorias e não com aqueles que a produzem, pois o esforço ali depositado já se desprendeu do corpo físico que o despendeu. Aliando esse fetichismo à cultura de massa e aos efeitos da propaganda, Marx analisa como o descolamento do valor de uso da mercadoria prende o consumidor em um mundo novo de significados associados aos objetos, um mundo de irrealidades que contribui para a alienação dos indivíduos. Esse descolamento do valor de uso do objeto é alvo do estudo de Jean Baudrillard (*O sistema dos objetos* (2000) e *A sociedade de consumo*, 2003) e vai ao encontro também das reflexões de Colin Campbell em *A ética romântica e o espírito do consumismo moderno* (2001).

Toda essa discussão põe em cena o problema da perda do referencial de identidade que antes era dado pela experiência transcendental por meio da religião, da família ou das tradições culturais da sociedade transmitidas ao longo dos anos, as representações coletivas. No entanto, com a chegada da Reforma Religiosa, o advento do Iluminismo tomando a razão como a única verdade plausível, o crescimento das cidades e a consolidação do capitalismo, o alicerce das identidades é corroído e os indivíduos perdem seus referenciais mais tradicionais e os substituem por outro: a mídia, concretizando este novo referencial por meio do consumo. Assim, os produtos se descolaram do seu valor de uso ou troca e, atualmente, o que vale é o sentido que esses objetos ganham dentro da cultura dos meios de comunicação, seu valor como símbolo.

Percebemos que os processos de subjetivação hoje passam pelo poder simbólico atribuído aos objetos pela mídia contemporânea. E quando falamos de processos de subjetivação estamos utilizando a corrente psicológica de Vygotsky (Rey, 2003), que vê a subjetividade como uma coconstrução de sentido por meio da cultura e afetividade. Um carro não vale só pelo seu desempenho e utilidade, e sim pelo *status* que confere ao seu dono, ao poder de sedução que exerce sobre os outros. Espaços de convivência, como rua, praça e família, faziam uma mediação no passado que tem gradualmente diminuído; antes havia um lugar, uma comunidade para discussão, e as mensagens eram "amortecidas", sofriam uma filtragem do grupo antes de ser absorvidas por completo.

A apologia neoliberal emprestada da ideologia americana do *self--made man* – de que o indivíduo é o único responsável pelo seu sucesso ou fracasso e de que a construção da identidade é uma atribuição do próprio indivíduo – é corroborada pelos meios de comunicação mediante um culto da personalização e da individualização. Michel Maffesolli (1987), no entanto, advoga o fim do individualismo e acredita que as "tribos urbanas" constituem-se em comunidades que substituem o antigo convívio público. Esses novos grupos são definidos por afinidades de consumo, com suas características passageiras, sazonais e pelas emoções compartilhadas, mesmo que efêmeras, é o que Maffesoli chama de "comunidades emocionais". A estética de tribos como *clubbers* e *punks* "pós-modernos", entre outros grupos, acaba por ser absorvida pelas questões econômicas. Ou seja, o cidadão, ao consumir produtos associados pela mídia a esses grupos, acredita que se torna parte dessa estética.

Hoje a família na qual um ou outro membro (pai ou mãe) está ausente torna-se cada vez mais comum, e mesmo os antigos hábitos familiares (refeições e passeios feitos em conjunto) já não acontecem com tanta frequência. A união matrimonial adquiriu ares de acordo econômico mediante contratos pré-nupciais, nos quais o que importa é o que cada um leva na separação. A individualidade deve ser preservada. Hoje, uma mulher pode ser mãe independentemente da existência de um parceiro, por meio de um banco de esperma. No entanto, podemos notar que existe ainda uma resistência a esse esfacelamento, uma necessidade de manter esse núcleo-base, talvez em outros termos. Mas, segundo um estudo do Unicef, a família parece ainda ser um espaço de convivência desejado.

Em pesquisa desse órgão (Unicef, 2002), "A voz dos adolescentes", foram ouvidos jovens brasileiros sobre diversos aspectos de sua vida social. Pode-se perceber que os jovens de certa forma têm o laço familiar como fundamental, pois o principal motivo de felicidade apontado por 70% dos entrevistados foi o fato de estar com a família, seguidos por 63% que citaram os amigos, enquanto a principal razão de infelicidade foi brigar com a família, com 61%. Contudo, essa unidade social encontra-se em processo de transformação, como relatado anteriormente, e a construção das representações do mundo social hoje sofre múltiplas influências da sociedade de consumo.

O imaginário dos indivíduos parece girar sempre em torno de como consumir mais e diferentemente. Assim, o novo já nasce efêmero. Esses consumidores não questionam sequer a real necessidade daquele produto/serviço, ou, mesmo tendo o conhecimento de que estes não são utilitariamente precisos, sabem da importância da construção de uma imagem na comunidade por meio desse consumo. Naturalizou-se o conceito de que o consumo de objetos é a forma de se apresentar na vida social. O "ser" significa "ter".

A nossa pergunta se coloca então no âmbito da crítica e do questionamento dessas ações aparentemente movidas pelo desejo de preencher um vazio na subjetividade por meio do consumo. Queremos questionar o significado do deslocamento de campos que antes pertenciam a uma área pública, comum e de vivência social, para um em que a figura do intelectual e a universidade apagam-se do cenário público e cada vez desempenham um papel mais privado.

Trabalhamos com as representações sociais do *shopping center* e da universidade tentando entender como o agrupamento de indivíduos cria para si um imaginário que serve como norma de conduta na vida em comunidade. Os espaços de convivência, os discursos que interagem e a tradição/cultura concorrem para a formação dessas representações. Nos primórdios da modernidade, e até mesmo antes dela, na época anterior às Grandes Navegações, essas representações eram "localizadas" e os espaços públicos eram os principais pontos onde parâmetros de comportamento e de pensamento eram partilhados e construídos, como, por exemplo, na Ágora Grega e nas praças da Paris da Revolução. Como cita Bauman (2001, p. 33):

> Os locais de encontro eram também aqueles em que se criavam as normas – de modo que se pudesse fazer justiça e distribuí-la horizontalmente, assim reunindo os interlocutores numa comunidade, definida e integrada pelos critérios comuns de avaliação.

No que hoje se chama de pós-modernidade, esses espaços estão diminuindo cada vez mais em prol de espaços privados que servem aos desejos de consumo e segurança, – ou melhor, do consumo em segurança. O modelo da sociedade de consumo que os Estados Unidos universalizaram propõe uma cultura que tem como objetivo principal a expansão dos domínios financeiros daquele império, por meio de todo tipo de produto, incluindo em especial o cultural.

Sob essa perspectiva, torna-se de alguma forma imprescindível analisar as representações que o consumo e a universidade inspiram no nosso imaginário social. Utilizando-nos de bibliografia pertinente aos dois objetos, podemos iniciar um estudo de como o deslocamento de um espaço público como a universidade – pressupondo ser esta um lugar aberto e de livre trânsito – para um espaço privado como o *shopping center* afeta o discurso da mídia e como esta intermedeia essa relação.

As instituições de ensino superior possuem (ou possuíam) representação junto à coletividade de um local de produção de conhecimento, de formação de intelectuais. Dentro da perspectiva orgânica de Richard Sennett construída em *Carne e pedra* (2001), um cérebro para a cidade. No entanto, como veremos mais adiante, esse imaginário tem mudado progressivamente após o advento da universidade de massa iniciada nos Estados Unidos. A despeito do seu caráter democratizado, dando acesso a todas as camadas, enfatizou e intensificou a questão da educação como comércio, como um produto a ser consumido. Portanto, a representação da universidade vem mudando progressivamente nesse sentido.

Um dos retratos desse quadro é a construção ou a junção de universidade e *shopping center*. Outra face é a utilização em escalas crescentes, principalmente nos Estados Unidos, de técnicas de marketing e comunicação (assim como no comércio de produtos e serviços) para atrair mais "clientes". Outro aspecto dessa transformação é exatamente a constituição das "universidades corporativas", que se colocam como um novo parâmetro de ensino superior e ganham força como novos centros de excelência científica, papel que era antes ocupado pelas universidades tradicionais.

> [...] na expressão "universidade corporativa", o uso do termo "corporativo" significa que a universidade é vinculada a uma corporação e que serviços educacionais não constituem seu principal objetivo. Já o termo "universidade" não deve ser entendido dentro do contexto do sistema de ensino superior, no qual designa a educação de estudantes e o desenvolvimento de pesquisa em várias áreas do conhecimento, uma vez que "universidade corporativa" oferece instrução específica, sempre relacionada à área de negócio da própria organização. Portanto, segundo a autora, "universidade" para essas empresas é basicamente um artifício de marketing. Apesar disso, os programas implantados pelas universidades corporativas são, em muitos aspectos, similares aos das instituições de ensino superior. (Kraemer, 2004, p. 9)

Esse tipo de instituição surge para encaixar melhor os futuros profissionais no mercado de trabalho de uma empresa específica, utilizando a flexibilidade e a lógica do pensamento científico, o que os deixaria aptos a resolver crises corporativas mais rápida e eficazmente do que os outros universitários.

O universo da reflexão e da pesquisa está agora também inserido em um contexto que tem uma função em princípio contrária aos preceitos da universidade "tradicional" – tomando-se por base o pensamento europeu que, de certa forma, também foi o marco inicial da universidade brasileira. A vinda da família real portuguesa para o Brasil trouxe também o modelo universitário europeu que, mais tarde, foi sendo substituído pelo modelo americano de massa, mas ainda sofre com conflitos internos no embate entre as duas configurações de ensino. Enquanto um modelo tem o papel de disseminar o conhecimento científico e promover reflexão sobre a realidade social, o outro tem o papel de formar especialistas que perpetuem os modelos consumistas, passando a crítica ao longe, como pondera Canclini (1995, p. 64): "Se o consumo tornou-se um lugar onde frequentemente é difícil pensar, é pela liberação do seu cenário ao jogo pretensamente livre, ou seja, feroz, entre as forças do mercado".

O espaço é um local de comunicação que afeta o imaginário dos indivíduos, ou seja, cada espaço possui uma representação para os indivíduos e, ao se mesclarem esses espaços, o imaginário também se modifica. Parece haver uma tendência de deslocamento de um espaço público (universidade) para outro privado (*shopping center*), a qual modifica as representações da instituição de ensino superior.

Ocorre então um processo de naturalização da universidade dentro do *shopping*. Obviamente ele não ocorreu linearmente, nem de forma tão abrangente. No caso do Brasil, está restrito às grandes cidades que mais absorveram as características contemporâneas.

Imaginamos que a comunicação teve e tem um papel fundamental nesse processo. Desde o momento em que apresentamos a tese de Colin Campbell da "Revolução do Consumo", que tem no movimento romântico o seu principal foco, abrimos espaço para analisar as emoções no seu processo de canalização para o consumo. Com o advento da publicidade e de seu apelo emotivo, hoje a comunicação serve de base para direcionar os estudantes a escolher entre uma universidade e outra via apelos de consumo.

A crise da universidade pública brasileira e a crescente abertura ao livre comércio no campo da educação a partir da nova LDB[1] empreenderam a adoção de um novo modelo de instituição de nível

1. Lei de Diretrizes e Bases da Educação Nacional (Lei n. 9.394, de 23 de dezembro de 1996). Nos seus artigos sobre ensino superior (arts. 45 e 53), dá às instituições privadas mais espaço para a livre organização de cursos desse nível.

superior. Este se inspira no exemplo do ensino americano, como nos mostram Charle e Verger (1996), e tem na Universidade Estácio de Sá um dos seus principais representantes. Essa instituição revolucionou o modo de encarar o ensino superior no Rio de Janeiro e, desde então, se tornou parâmetro para outras com os mesmos objetivos.

As universidades particulares, a começar pela Estácio de Sá, parecem ter percebido que o ensino deveria receber um tratamento de produto. Assim como nas universidades americanas, ela adotou técnicas de *marketing* e comunicação para ser a maior instituição de ensino superior privada da cidade do Rio de Janeiro e a segunda maior do país (Paraguassú, 2003a). Criou vários *campi* que se assemelham a filiais; ampliou o seu *mix* de produtos, oferecendo dezenas de cursos de extensão e atividades culturais e de lazer; e, o que mais interessou ao nosso trabalho, aliou-se ao templo de consumo da contemporaneidade: o *shopping center*.

Esse casamento juntou não só o esforço publicitário da mídia, mas o poder comunicativo já embutido no *shopping*, como mencionado aqui. Todo imaginário suscitado pelo centro comercial foi adicionado a esse novo parâmetro de universidade. A Estácio de Sá foi pioneira, mas outras universidades como a Gama Filho e a Faculdade da Cidade seguiram o exemplo. Embora nenhuma anuncie na mesma proporção da Estácio de Sá, é o modelo que tem sido seguido por outros estabelecimentos de ensino superior privado.

A relação entre corpo e cidade pensada por Richard Sennett em *Carne e pedra* (2001) foi por nós apropriada para uma análise mais simples. A partir dela, vimos como a cidade se transformou e como os cidadãos deram lugar a clientes como comportamento social. O consumo apropriado como finalidade e objetivo último de prazer hedonista, segundo o descrito por Collin Campbell, passa então a organizar comunidades segundo essas tendências.

Aliado a isso, evidenciamos o processo de retraimento em busca de espaços mais seguros em que o consumo de produtos e serviços, assim como os bens adquiridos, possa estar também em segurança.

Esse mesmo procedimento se aplica à individualidade, é necessário protegê-la da invasão e intromissão de fatores externos à emoção mais íntima, mais pessoal.

O espaço semipúblico onde se pode estar junto e, ao mesmo tempo, estar sozinho, individualizado com opções de consumo personalizado, é o *shopping center*. Uma concretização multifacetada do imaginário contemporâneo de consumo, segurança e lazer.

As dificuldades da vida urbana atual "empurram" o coração pulsante da cidade para o *shopping center* e o transformam em simulacro que atenda aos conflitos da vida "real" ou faça-os desaparecer. Assim, o coração da cidade agora pulsa no centro comercial que dispõe, em seus corredores e em suas vitrines coloridas, a propaganda mais contumaz do consumo contemporâneo. É para esse espaço que nosso parâmetro de universidade migra. Para uma nova cidade, um novo cérebro em consonância com a mensagem emitida pelo próprio *mall*: efemeridade, velocidade, trabalho/competição e hedonismo.

Estamos assistindo a uma modificação drástica no paradigma universitário. Por exemplo, o *shopping* Barra World, no Rio de Janeiro, cristaliza conceitos como globalização, simulação urbana e consumo e conta com uma universidade, no caso, a Estácio de Sá, construída desde o início para fazer parte do *shopping*.

A produção de conhecimento tem sido vinculada cada vez mais à formação de mão de obra para as corporações, e a sociedade de consumo reforça esses estímulos pela veiculação na mídia de modelos de sucesso. Acreditamos também que estudar a inserção da universidade no espaço do *shopping center* seja pertinente ao campo da comunicação porque, sem ela, essa hibridação não seria possível. Estar no centro comercial é um instrumento de *marketing* dessas instituições. Assim como o intelectual da Idade Média necessitava vender os seus serviços/ensinamentos, não há como fazê-lo hoje sem recorrer à mídia, pois trabalhamos em uma sociedade que alguns chamam "de massa". No nosso entendimento, o *shopping* é uma grande mídia que simula a cidade, uma utopia contemporânea.

Nos tempos mais antigos, a universidade era o lócus no qual as pessoas procuravam tecer novas utopias ideológicas que pudessem transformar a sociedade. Hoje, ela ainda se insere em uma utopia, mas que objetiva manter a bolha de sonho da sociedade a que chamamos pós-moderna.

Referências bibliográficas

ALVES, Márcio Moreira. "Cristovam convoca uma greve mundial". *O Globo*, Rio de Janeiro, 3 jul. 2003, caderno Opinião, p. 3.

AUGÉ, Marc. *Não lugares: introdução a uma antropologia da supermodernidade*. 3. ed. Campinas: Papirus, 2003.

BARBOSA, Lívia. *Igualdade e meritocracia: a ética do desempenho nas sociedades modernas*. 3. ed. Rio de Janeiro: Editora da FGV, 2001.

BAUDRILLARD, Jean. *A sociedade de consumo*. Rio de Janeiro: Elfos; Lisboa: Edições 70, 2003.

______. *A transparência do mal: ensaio sobre os fenômenos extremos*. 2. ed. Campinas: Papirus, 1992.

______. *O sistema dos objetos*. São Paulo: 2000.

BAUMAN, Zygmunt. *Globalização: consequências humanas*. Rio de Janeiro: Zahar, 1999.

______. *Modernidade líquida*. Rio de Janeiro: Zahar, 2001.

______. *Comunidade: a busca por segurança no mundo*. Rio de Janeiro: Zahar, 2003.

BOURDIN, Alan. *A questão local*. Rio de Janeiro: DP&A, 2001.

BRASIL. *Lei n. 9.394, de 23 de dezembro de 1996*. Lei de Diretrizes e Bases da Educação Nacional que dispõe sobre as normas do ensino no país.

CAMPBELL, Colin. *A ética romântica e o espírito do consumismo moderno*. Rio de Janeiro: Rocco, 2001.

CANCLINI, Nestor Garcia. *Consumidores e cidadãos: conflitos multiculturais da globalização*. Rio de Janeiro: Editora da UFRJ, 1995.

______. *Culturas híbridas*. São Paulo: Edusp, 1996.

CASTELLS, Manuel. *O poder da identidade*. Rio de Janeiro: Paz e Terra, 2000.

CHARLE, Christophe e VERGER, Jacques. *História das universidades*. São Paulo: Editora da Unesp, 1996.

DA POIAN, Carmen. *As formas do vazio*. São Paulo: Via Lettera, 2001.

DEBORD, Guy. *A sociedade do espetáculo: comentários sobre a sociedade do espetáculo*. Rio de Janeiro: Contraponto, 1997.

DELEUZE, Gilles. "Post-scriptum sobre as sociedades de controle". In: *Conversações*. São Paulo: Editora 34, 1992.

DURAND, Gilbert. *As estruturas antropológicas do imaginário*. 3. ed. São Paulo: Martins Fontes, 2002.

EBOLI, Marisa. "Gestão do conhecimento como vantagem competitiva: o surgimento das universidades corporativas". In: EBOLI, Marisa. *Coletânea universidades corporativas: educação para as empresas do século XXI*. São Paulo: Schmukler, 1999.

ECO, Humberto. *Viagem na irrealidade cotidiana*. 6. ed. Rio de Janeiro: Nova Fronteira, 1987.

FOUCAULT, Michel. *Microfísica do poder*. Rio de Janeiro: Graal, 1979.

FREITAS, Ricardo Ferreira. *Centres commerciaux: îles urbaines de la post-modernité*. Paris: L'Harmattan, 1996.

______. "Nas alamedas do consumo: os shopping centers como solução contemporânea de lazer nas cidades globalizadas". *Revista Contato*, Brasília: ano 1, n. 2, jan.-mar. 1999.

HAUG, Wolfgang Fritz. *Crítica da estética da mercadoria*. São Paulo: Editora da Unesp, 1997.

JACOBI, Russell. *Os últimos intelectuais: a cultura americana na era da academia*. São Paulo: Trajetória Cultural/Edusp, 1990.

JAGUARIBE, Beatriz. *Fins de século*. Rio de Janeiro: Rocco, 1998.

JAMESON, Frederic. *A cultura do dinheiro: ensaios sobre globalização*. Petrópolis: Vozes, 2001.

KRAEMER, Maria Elisabeth Pereira. "Universidade corporativa como alavanca da vantagem competitiva". Disponível em: <http://www.degerencia.com/articulos.php?artid=614>. Publicado em 24 nov. 2004. Acesso em: 12 fev. 2011.

LE GOFF, Jacques. *Os intelectuais na Idade Média*. São Paulo: Brasiliense, 1988.

LÉVY, Bernard-Henri. *Elogio dos intelectuais*. Rio de Janeiro: Rocco, 1988.

MAFFESOLI, Michel. *O tempo das tribos: o declínio do individualismo nas sociedades de massa*. Rio de Janeiro: Forense Universitária, 1987.

MCCRACKEN, Grant. *Cultura e consumo: novas abordagens ao caráter simbólico dos bens e das atividades de consumo*. Rio de Janeiro: Mauad, 2003.

MEROLA, Ediane. "Ensino de tradição sofre com a inadimplência". *O Globo*, Rio de Janeiro, 19 maio 2002, caderno Rio, p. 29.

NASCIMENTO, Fábio e ALMEIDA, Cássia. "Brasil experimenta *boom* de universitários". *O Globo*, Rio de Janeiro, 11 out. 2003, caderno Economia, p. 28.

PARAGUASSÚ, Lisandra. "MEC: 88% das universidades são particulares". *O Globo*, Rio de Janeiro, 18 out. 2003a, caderno O País, p. 10.

______. "Governo lança plano para salvar universidades". *O Globo*, Rio de Janeiro, 14 dez. 2003b, caderno O País, p. 15.

PINTAUIDI, Silvana Maria; FRÚGOLI JR., Heitor (orgs.). *Shopping centers: espaço, cultura e modernidade nas cidades brasileiras*. São Paulo: Editora da Unesp, 1992.

Rey, Fernando Gonzalez. *Sujeito e subjetividade*. São Paulo: Thomson, 2003.

ROCHA, Everardo. *A sociedade do sonho: comunicação, cultura e consumo*. Rio de Janeiro: Mauad, 1995.

SARLO, Beatriz. *Cenas da vida pós-moderna: intelectuais, arte e videocultura na Argentina*. Rio de Janeiro: UFRJ, 1997.

SENNETT, Richard. *O declínio do homem público: as tiranias da intimidade*. São Paulo: Companhia das Letras, 1988.

______. *Carne e pedra*. Rio de Janeiro: Record, 2001.

SHIELDS, Rob (ed.). *Lifestyle shopping: the subject of consumption*. Londres: Routledge, 1992.

SIMMEL, Georg. "A metrópole e a vida mental". In: VELHO, Otávio G. (org.). *O fenômeno urbano*. 4. ed. Rio de Janeiro: Zahar, 1979.

THOMPSON, John B. *A mídia e a modernidade: uma teoria social da mídia*. Petrópolis: Vozes, 1998.

UNICEF, 2002. Disponível em: http://www.unicef.org/brazil/pt/vozdosadolescentes02.pdf. Acesso em: 3 maio 2011.

WEBER, Max. *A ética protestante e o espírito do capitalismo*. São Paulo: Pioneira, 1994.

capítulo sete

Temores da cidade: medo e violência nas páginas do jornal *O Globo*

Vania Oliveira Fortuna

A CIDADE É O PALCO DOS CONTRASTES, DO ENCONTRO das diferenças. Suas ruas assistem ao vaivém de pessoas que têm visões opostas do mundo, estilos diferentes de vida, corpos que se misturam às arquiteturas antigas e modernas, que parecem falar aos nossos ouvidos. São vozes, olhares e sensações que constituem a polifonia de uma cidade, que enchem de sentido os panoramas metropolitanos, privilégios de uma comunicação urbana identificada e deliciosamente descrita por Massimo Canevacci (1993). Somos atores/espectadores atuando/observando num cenário que produz singularidades subjetivas, que fazem do lugar uma prática social do espaço. As narrativas, por sua vez, têm o poder de transformar lugares em espaços e espaços em lugares[1], a partir da organização de jogos de linguagem que influenciam as relações e o modo de ocupação da cidade.

---

1. Michel de Certeau (1994, p. 2002) conceitua lugar como "a ordem (seja qual for) segundo a qual se distribuem elementos nas relações de coexistência. [...] Um lugar é portanto uma configuração instantânea de posições. Implica uma indicação de estabilidade. [...] Espaço é o efeito produzido pelas operações que o orientam, o circunstanciam, o temporalizam e o levam a funcionar em unidade polivalente de programas conflituais ou de proximidades contratuais. [...] Em suma, *o espaço é um lugar praticado*".

As representações que hoje são feitas do homem, da violência e das instituições que o cercam são em sua grande maioria construídas pelos meios de comunicação de massa. Percebemos como fruto desse processo a imagem do Rio de Janeiro associada à violência, tema recorrente na mídia. A cidade é diariamente retratada como perigosa e insegura, um palco de constantes conflitos urbanos cuja consequência é a vitimização da população. O tráfico de drogas é representado como um poder paralelo ao público. A segurança pública é tida como truculenta e ineficiente. Olhares que produzem um imaginário de medo e de pânico na cidade.

Este artigo enfoca as representações da violência no Rio de Janeiro por meio da análise das narrativas do jornal *O Globo* em julho de 2007, mês em que a cidade sediou os Jogos Pan-americanos. Apresentamos uma seção intitulada "Cidade dos medos", desenvolvida na dissertação *O Rio que nós queremos: o efeito Pan nas representações midiáticas da violência urbana* (Fortuna, 2009), que focaliza as relações entre violência, megaeventos e mídia. Buscamos identificar a produção de significados no imaginário urbano, interpretar as apropriações dos materiais simbólicos e como tudo isso se reflete no espaço público. Nossa proposta metodológica desloca-se das formas das estruturas narrativas, ou seja, do ato, para a análise das relações estabelecidas pela produção de sentidos do ato de narrar, uma vez que os discursos, por sua ampla visibilidade, orientam as práticas sociais. Sob essa perspectiva, apoiamo-nos no pensamento de Michel de Certeau (1994), que fala da importância de desviar o olhar dos sistemas linguísticos e privilegiar as práticas significativas.

Iniciamos com reflexões sobre os medos que permeiam a sociedade contemporânea; a violência, suas consequências no espaço urbano e na vida das pessoas. Parece que sentir medo faz parte da nossa vida. Medo da violência, de tragédias causadas por eventos da natureza, de não sermos reconhecidos em nosso trabalho, de não poder consumir ou de perder um grande amor. Sentimento considerado por Zygmunt Bauman (2008) um ensaio diário da morte, pois desperdiçamos um tempo precioso com preocupações que nem sempre têm fundamento. E assim seguimos a vida, tentando prever e estudar os riscos para vencê-los da forma mais eficaz possível.

Medo que afeta a vida, medo que movimenta a cidade

> *De fato, saber que este mundo é assustador não significa viver com medo – pelo menos não 24 horas por dia, sete dias na semana [...] Podemos até nos divertir com as "advertências globais". Afinal, viver num mundo líquido-moderno conhecido por admitir apenas uma certeza – a de que amanhã não pode ser, não deve ser, não será como hoje – significa um ensaio diário de desaparecimento, sumiço, extinção e morte.*
>
> Bauman, 2008, p. 12

Os medos invadem nossa vida e transformam nossa maneira de ser, de pensar, de amar. Zygmunt Bauman afirma que o medo mais assustador é aquele em que não se tem um motivo real para senti-lo. Um medo sem vínculo, desancorado, que muda a nossa percepção do mundo e nos coloca permanentemente em suposto perigo, ameaçados por alguma coisa muito ruim que não sabemos como e quando vai acontecer. Pior, *se* vai acontecer. Esse sentimento de insegurança provoca um pânico generalizado que nos faz reféns, dentro da nossa própria casa, de opressores ocultos, evitando o que menos deve ser evitado: a sociabilidade que pulsa no convívio em comunidade, situação que favorece apenas "comunidades de ocasião [...] construídas em torno de eventos, ídolos, pânicos ou modas" (Bauman, 2003, p. 51). A produção do sentimento de não pertença é gerada, entre outras coisas, pelo caos social que inibe o desejo de vínculos com grupos, esvaziando o espaço urbano.

Diariamente, por mais que se criem estratégias para neutralizar determinadas ameaças, novos perigos são anunciados. Estamos sempre calculando o risco disso ou daquilo, tentando driblar a imprevisibilidade dos acontecimentos. Mas, enquanto calculamos, somos surpreendidos por uma catástrofe que não podemos impedir. São imprevistos que revelam a vulnerabilidade da vida. Constatamos que todas as estratégias milimetricamente pensadas para superar os medos e evitar os riscos estão à disposição de situações que não podemos controlar. Bauman chama a complexidade dessa questão de "síndrome do *Titanic*" – o temor de algo que está oculto, mas acreditamos estar pronto para nos pegar de surpresa a qualquer momento. Entretanto, o autor afirma que há outros medos mais aterrorizantes, como o da solidão, do fracasso, da rejeição, da exclusão.

A fragilidade das relações, a expectativa de duração de um relacionamento amoroso que pode acabar com um simples telefonema, *e-mail* ou até mesmo sem nenhum aviso também são formas de banalização da morte, pois morremos um pouco a cada rompimento com um amigo ou um grande amor. Acostumamos com a aceleração dos vínculos, que os torna frágeis e compromete sua durabilidade. Morrer, renascer, terminar, recomeçar, características do teatro da vida líquido-moderna que tem a morte como uma das personagens principais.

Bauman cita os estudos de Robert Castel quando propõe a ideia de que fazemos parte de uma sociedade muito segura, na verdade a mais segura da história da humanidade. A capacidade que a ciência tem para prevenir e enfrentar os perigos produz medidas eficazes, mas, aos nossos olhos, sempre insuficientes. Para esses autores, estamos obsessivos por segurança e essa obsessão não nos permite aceitar que atualmente, em especial nos países desenvolvidos, existem estratégias eficientes de combate à violência. Cenário que muito se deve à mídia, que por muitas vezes narra o instante sem contextualizá-lo. Notícias com dados objetivos e caráter espetacular que servem apenas para disseminar perigos que alimentam os medos. Tudo isso estimula o egoísmo que rege as atitudes individualistas, as quais provocam um estado de insaciabilidade que consome o indivíduo, uma vez que a falta de crença no outro intensifica o medo e provoca uma busca frenética por medidas de proteção, as quais acabam por reafirmar um senso de desordem e estimular a violência.

O medo de não estar inserido na sociedade do hiperconsumo é considerado por Gilles Lipovetsky (2007) um agravante para a violência, especialmente a que envolve os jovens de classes menos favorecidas. Esse tipo de sociedade "se distingue por uma escalada das buscas das experiências mercantis emocionais e distrativas, é também contemporânea da provação do 'quase nada' e do medo do 'cada vez menos'" (p. 189). As desigualdades dos rendimentos e as transformações socioeconômicas que emergiram nas duas últimas décadas do século XX marcam uma parte da população que vive em extrema dificuldade financeira, privando-se de itens essenciais a uma vida digna. Encarar que sua realidade não permite responder às solicitações reluzentes do hiperconsumo provoca manifestações das mais variadas formas. Mesmo com pouquíssimo dinheiro a população partilha valores individuais e consumistas da classe média. Os jovens, em especial, valorizam roupas, músicas, lazeres que confirmam sua personalidade individual e autorrealização. É dessa maneira, pelos signos do consumo, que eles tentam escapar da indiferença social e da imagem negativa. Mas, apesar de os valores consumistas serem absorvidos, a pobreza impede a participação plena nas atividades de consumo e lazer.

Comportamentos violentos são as consequências dessa frustração. O fracasso escolar e a precariedade do dia a dia afastam os jovens do trabalho, que procuram meios mais fáceis de ganhar dinheiro, como a delinquência. E assim a TV entrou em quase todas as casas. Lipovetsky afirma que mais de 10% das pessoas passam acima de cinco horas por dia assistindo na TV a uma programação que promete a "felicidade mercantil" (Lipovetsky, 2007, p. 194). Para o autor, as publicidades espetaculares incitam mais a violência nos jovens do que as imagens sangrentas dos acontecimentos, jogos e filmes. A sociedade do hiperconsumo aumentou o "individualismo selvagem" (*ibidem*, p. 198), que busca ações ilícitas e de autoafirmação para exorcizar a condição de vítima.

Para Teresa Caldeira, a violência urbana e o discurso midiático vêm modificando o imaginário das megalópoles. Não foi só o crime que aumentou. As instituições que têm o dever de proteger o cidadão e elaborar estratégias de prevenção também estão cada vez mais violentas. Tentar compreender esse panorama significa refletir sobre um possível colapso da segurança pública, do Judiciário, enfim, das medidas modernas de combate ao crime. A construção de muros é a mais emblemática das estratégias, que simbólica ou materialmente "estabelecem diferenças, impõem divisões e distâncias, constroem separações, multiplicam regras de evitação e exclusão e restringem os movimentos" (Caldeira, 2009, p. 9). Os abusos praticados pelas instituições policiais e a descrença no Poder Judiciário contribuíram para a expansão dos serviços e produtos de segurança privada, uma tendência internacional que se tornou um elemento importante no cenário do novo padrão de segregação urbana. Os altos valores cobrados por empresas regularizadas incentivam o aparecimento de um mercado clandestino composto geralmente por ex-policiais e policiais. Muitos dos condomínios fechados que a autora pesquisou utilizam esse mercado ilegal. O ciclo da violência segue um caminho fértil, pois os "pobres" continuam perseguidos pela polícia e sofrem discriminação das novas formas de vigilância, que os mantêm afastados dos muros que supostamente protegem os ricos, consolidando a desigualdade.

Muniz Sodré (1992) considera que os meios de comunicação de massa, assim como outras configurações de poder tecnoburocrático, produzem novas formas de sociedade que se caracterizam por uma estetização do cotidiano – "generalização banalizada da forma-espetáculo" (p. 49) – que estabelece um novo *ethos* (e interfere nas formas tradicionais de sociedade), mas levanta a questão da permanência do que se tem chamado de valores essencialmente éticos.

Nesse contexto, a comunicação gera ideologias de toda ordem, enfraquecendo as representações tradicionais. Criam-se funções que buscam compensar a falta de ética moral e política e funções que reduzem a pluralidade dos modos de comunicação entre as pessoas. Segundo Sodré, a publicidade e os *mass media* têm contribuído bastante para a eficácia dessas funções estetizantes. Tudo isso concorre para o desenvolvimento de cidades desordenadas que prestigiam "territórios humanos restritos, onde as pessoas tendem a comprimir-se psicologicamente sobre si próprias e, fisicamente, sobre as outras, em meio à onipresença do conflito entre miséria e riqueza" (Sodré, 1992, p. 57). Esse tipo de organização espacial e social ignora os laços comunitários e as necessidades do meio ambiente, favorecendo o ciclo de violência.

Ricardo Ferreira Freitas tem uma produção extensa sobre o medo que se alimenta da violência urbana e se manifesta de diferentes maneiras na vida do homem e da cidade. O autor ilustra seu trabalho com reflexões sobre os condomínios fechados do emblemático bairro da Barra da Tijuca (RJ) e os *shopping centers*, equipamentos urbanos que propõem o consumo e o lazer como aspectos fundamentais à vida cotidiana, além de uma suposta segurança. Para o autor, todos esses sentidos que permeiam o imaginário urbano, como o pânico, o medo, a emergência, são também estimulados pela mídia, uma vez que "a dor, sempre presente na história dos corpos humanos, parece ter se tornado o ingrediente fundamental à construção das notícias que abordam a violência" (Freitas, 2005, p. 2).

A publicidade e a propaganda de produtos que prometem salvar as pessoas de iminentes perigos incentivam a fuga para o espaço privado em detrimento do espaço público. Nesse sentido, Freitas constata o sucesso desse mercado pelo crescente número de *shopping centers*, centros empresariais, condomínios fechados, empresas de vigilância e companhias de seguros. Um paradoxo estranho se estabelece na vida do homem urbano contemporâneo: o corpo feliz, distraído pelo entretenimento, só se sente livre se preso entre telas e muros seguros.

Percebemos que os medos transformam a vida, movimentam a cidade. E a mídia se apresenta como parte fundamental desse processo.

Rio de Janeiro e favela: e assim começam as representações negativas

Ninguém aguenta mais isso. Temos uma bifurcação que eu enxergo clara: ou é o caminho civilizatório ou o da selvageria.

SÉRGIO CABRAL, GOVERNADOR DO ESTADO DO RIO DE JANEIRO,

O GLOBO, 1º JUL. 2007, P. 17

Repetitivas e fragmentadas, as narrativas sobre o tráfico de drogas diariamente se destacam nas páginas do jornal *O Globo*. Em julho de 2007 não foi diferente. Suas representações circularam alimentando a insegurança que decorre da violência presente no espaço urbano contemporâneo. Em 1º de julho de 2007, a editoria Rio mostrou uma entrevista de página inteira com o governador Sérgio Cabral, intitulada "Estresse para todos: governador diz que combate ao crime exigirá sacrifício, da Zona Norte à Zona Sul". Entre as 14 perguntas feitas ao governador, uma delas confirma o conceito de "cidade partida":

> O GLOBO: O escritor Zuenir Ventura cunhou a expressão "cidade partida". No caso da Rocinha, ela é bem clara. Se houver uma operação semelhante à do Alemão, *a parte do asfalto*[2] se sentirá muito mais incomodada do que na operação atual. O senhor continuará apoiando se houver reclamações?
> CABRAL: Se tem que passar por estresse, vamos passar. Todos têm que entender o custo disso. Vale para o morador de Bonsucesso, São Conrado,

2. Grifo da autora.

Leblon, Ipanema ou de qualquer área nobre. O custo do estresse tem que ser compreendido por todos. (*O Globo,* 1º jul. 2007, p. 17)

A pergunta faz referência ao livro *Cidade partida* (1994), de Zuenir Ventura. O autor defende uma cidade partida em dois espaços: de um lado, o tráfico de drogas e todas as consequências dessa atividade; de outro, a cidade sitiada, vivendo aterrorizada pelas favelas. A pergunta do jornalista d'*O Globo* reafirma uma fronteira simbólica entre morro e asfalto especialmente por se tratar da Rocinha, favela localizada numa área de moradores de alto poder aquisitivo, sugerindo que essa divisão praticamente não existe no Complexo do Alemão, já que o seu entorno é povoado por pessoas de baixa renda. Essa visão bipolar, que se explica no contexto histórico do Rio de Janeiro, alimenta o preconceito contra o favelado, pois vê o asfalto como símbolo da ordem e do medo, e a favela como reduto da pobreza, violência e desordem. A mídia associa o tráfico à favela, que associada está à violência. Para melhor entendermos essa dinâmica, faremos um breve passeio pelas representações atribuídas à favela desde o começo do século XX.

A República (1889) deu o tom de modernidade ao Brasil. As reformas do prefeito Pereira Passos reconfiguraram o cenário urbano do Rio de Janeiro. O capital estrangeiro precisava ser conquistado. A capital federal tinha de extirpar o aspecto colonial, o que daria credibilidade à cidade e atrairia novos investidores. Parte dessa estratégia foi afastar grupos populares que atrapalhavam o processo de modernização. Desabrigados, eles deixaram os cortiços rumo aos subúrbios e às encostas dos morros próximos ao centro. Esses grupos, desprezados pela reforma urbanística, pareciam invisíveis aos olhos do governo, que não propôs políticas de habitação e de controle policial. Não havia esgoto, água e luz. A população da favela crescia, pois recebia migrantes de várias partes do Brasil, especialmente do Nordeste. Morar na favela significava estar mais perto do trabalho, reduzindo o tempo de deslocamento e as despesas com transporte.

Os ex-combatentes da campanha de Canudos foram autorizados pelo Ministério da Guerra, entre 1897 e 1898, a morar no Morro da Providência, onde já existiam alguns barracos. Os soldados começaram a chamá-lo de Morro da Favela, nome que se referia ao local do sertão baiano onde se concentravam Antônio Conselheiro e seus seguidores. O nome "favela" depois serviu para designar genericamente qualquer "favela". No início do século XX, as conotações negativas, esboçadas por interesses diversos, já erguiam suas vozes. Começava a ser construída uma imagem de que a cidade moderna era um espaço e a favela, outro, que representava a visibilidade da pobreza e da marginalidade. Bilac, numa de suas crônicas, chama a favela de

> "uma cidade à parte" e "a mais original de nossas subcidades". "Encravada no Rio de Janeiro, a Favela é uma cidade dentro da cidade" escreve o jornalista Benjamin Costallat, enquanto o sambista Orestes Barbosa afirma, categórico: "Há sem dúvida, duas cidades no Rio". (Zaluar e Alvito, 2003, p. 12)

> João do Rio, falando de favela, sente-se "na roça, no sertão, longe da cidade". (*Ibidem*, p. 17)

O dualismo que apresentava a favela como local de ordem e desordem também permeou suas representações. Nos anos 1920, a favela já marcava sua presença no espaço urbano e no imaginário do Rio de Janeiro. Ela começou a ser romantizada nas letras de samba. A música foi um importante elo entre o morro e o asfalto, já que contava a toda cidade como eram o seu espaço físico e sua precariedade em virtude da escassez de serviços públicos. Mas os amores, os sonhos e a criatividade que encontravam brechas para driblar as adversidades e conviver com as dores também foram exaltados. Os intelectuais reconheceram e atribuíram prestígio a essa produção musical que dava fôlego à cultura popular. O temido capoeira foi substituído pelo simpático malandro carioca. Na década seguinte,

Villa-Lobos reconheceu a musicalidade do "pobre" urbano como a mais pura expressão da brasilidade.

Jane Souto de Oliveira e Maria Hortense Marcier (2003) pesquisaram 163 composições musicais, dos anos 1920 até hoje, "procurando mostrar de que maneira o enredo sobre a favela e seus personagens foi construído e disseminado por compositores de música popular brasileira" (p. 64). A fronteira simbólica entre "morro e cidade" e a favela como cenário de marginalidade e violência podem ser notadas nos sambas de décadas diferentes[3]:

> [...] O samba na realidade / Não vem do *morro* nem de *lá da cidade* / E quem suportar uma paixão / Saberá que o samba então nasce no coração.
> *Feitio de oração*, Noel Rosa, 1933 (Oliveira e Marcier, 2003, p. 83)

> [...] Maria lava roupa lá no alto / Lutando pelo pão de cada dia / Sonhando com a vida do *asfalto* / Que acaba onde o *morro* principia.
> *Lata d'água*, Luís Antônio e Jota Júnior, 1952 (*ibidem*, p. 92)

> [...] Na segunda batucada / Disputando a namorada / foram os dois improvisar / E como em toda façanha / Sempre um perde e outro ganha / Um dos dois parou de versejar / E perdendo a doce amada / Foi fumar na encruzilhada / Ficando horas em meditação / Quando o sol raiou foi encontrado / Na ribanceira esticado / Com um punhal no coração.
> *Quando o samba acabou*, Noel Rosa, 1933 (*ibidem*, p. 94)

A partir dos anos 1960, entra em cena a favela como questão social. A década foi marcada por engajamento e militância política, um turbilhão de novos e graves acontecimentos que refletiram nos movimentos culturais. As favelas tinham crescido e adquirido visibilidade social. Oliveira e Marcier (2003, p. 99) afirmam que "as músicas desse período enfatizam a temática da carência e da fome,

---

3. Todos os grifos da citação são das autoras da pesquisa.

lamentam a sorte do morro e de seus moradores e insinuam que esse quadro deve ser mudado". As composições narram os múltiplos significados atribuídos à favela desde a sua origem, revelando-se uma fonte preciosa para o entendimento desse espaço social e para a percepção de suas representações.

Segundo Zaluar e Alvito (2003), o *ethos* predominante nas favelas dos anos 1970 era de fortes experiências associativas. A família, a cooperação, o sentimento de pertencimento ao lugar, as poucas práticas criminosas e violentas espalhavam otimismo.

Para as autoras (*ibidem*, p. 15),

> [...] havia uma atividade subterrânea que na década seguinte transformou a vida dos favelados e que veio mudar o discurso sociológico sobre a favela, trazendo de volta as metáforas dualistas. Com a chegada do tráfico de cocaína em toda a cidade, a favela – onde as quadrilhas se armaram para vender no mesmo comércio que movimenta o resto da cidade e do país – passou a ser representada como covil de bandidos, zona franca do crime, habitat natural das "classes perigosas". Por extensão, assim o Rio de Janeiro passou a ser visto na mídia e no imaginário das pessoas no vasto território nacional.

Cidade dos medos: as representações do jornal *O Globo*

Voltemos à já citada entrevista com o governador Sérgio Cabral. Quando o repórter lhe perguntou se estávamos em guerra, ele respondeu que sim, confirmando que a política do confronto adotada pelo governo continuaria para acabar com a "musculatura do tráfico". Mas apesar de o Rio, para o governador e para *O Globo*, estar em guerra, quando se perguntou pelo Pan a resposta foi imediatamente tranquilizadora:

> O GLOBO: Em duas semanas começa o Pan, com milhares de pessoas na cidade. Os olhos do mundo vão estar voltados para a gente, principalmente

> na área de segurança. O senhor conversou com o secretário sobre o planejamento? Haverá tranquilidade?
> CABRAL: Com certeza. O evento será um sucesso, com tranquilidade para cariocas e estrangeiros. Será um êxito que vai contribuir para nossa imagem e uma repercussão positiva do Rio. Nosso esforço é levantar a autoestima do carioca e mostrar que a guerra pode ser ganha pelo lado do bem. (*O Globo*, 1º jul. 2007, p. 17)

No dia 2, e por mais alguns dias, *O Globo* retoma a polêmica ocupação policial no Complexo do Alemão, que acontecia desde o dia 2 de maio. Tudo começou com uma operação da Polícia Militar na Vila Cruzeiro, na Penha, Zona Norte do Rio de Janeiro, para caçar oito traficantes acusados de matar dois PMs em Oswaldo Cruz. Em dois meses de confronto 44 pessoas morreram, sendo que 19 só no dia 27 de junho, numa ação em que a Secretaria de Segurança Pública mobilizou 1.350 policiais civis e militares apoiados pela Força Nacional.

> **Mortes no Alemão: famílias autorizam exumação**
> Segundo IFP, pelo menos 5 das vítimas não tinham anotação criminal, mas 10 já tinham respondido por crimes. (*O Globo*, 2 jul. 2007, p. 12)

> **Alemão: 16 levaram tiros pelas costas**
> Vítimas foram baleadas também em outras partes do corpo e apenas um atingido só por trás. (*O Globo*, 5 jul. 2007, p. 17)

As narrativas destacam a suspeita de várias execuções naquela que *O Globo* chama espetacularmente de "megaoperação". Para manter o poder simbólico, Malena Segura Contrera (2002, p. 51) afirma que a mídia se utiliza de uma "forte estética do espetáculo", preocupando-se, muitas vezes, mais com a forma de mostrar a informação do que com a qualidade de um discurso contextualizado. Na busca frenética da visibilidade, a mídia adquiriu um caráter narcisista. A autora relaciona essa questão à busca também frenética pelo entretenimento. A sociedade estaria atraída mais por jogos competitivos do que por interações lúdicas. Contrera propõe sua reflexão sobre a influência da imagem-mercadoria e da informação-mercadoria como uma ferramenta típica da cultura de uma sociedade do espetáculo.

As execuções da "megaoperação" não são comprovadas pelos peritos envolvidos no caso. Levanta-se um debate sobre a problemática conduta policial brasileira. Elizabeth Leeds afirma que a distribuição e a venda de cocaína efetuadas pelas favelas e conjuntos habitacionais populares do Rio de Janeiro para as classes média e alta criaram uma rede complexa de relações entre essas localidades, traficantes e Estado, denominada pela autora como "violência estrutural, violência e repressão contínuas contra as classes populares" (Leeds, 2003, p. 235). Contrariando as práticas democráticas, os favelados se veem entre a violência ilegal dos traficantes e a violência legal das forças policiais. Segundo Leeds, protestar contra o excesso e a corrupção policial por meio de manifestações coletivas é legal e pode fortalecer as associações locais. Entretanto, protestar contra os traficantes é arriscar a própria vida, além de promover a destruição de "um senso de coletividade" (*ibidem*, p. 252) que pode comprometer o processo interno de democratização.

Ao longo do mês de julho, as matérias sobre a suposta execução no Alemão vêm acompanhadas de várias outras que falam da má conduta policial inserida no cotidiano do Rio de Janeiro:

Fuga de traficante teria custado US$ 80 mil

Testemunhas contaram à polícia que bandido estrangeiro ofereceu a quantia a um dos PMs que o vigiavam. (*O Globo*, 13 jul. 2007, p. 16)

Policiais são acusados de extorsão a turistas

Americanos disseram que foram ameaçados de morte e obrigados a entregar dinheiro a PMs em Copacabana. (*O Globo*, 26 jul. 2007, p. 25)

O sistema de repressão já existe há 150 anos. Durante o regime militar a Polícia Militar foi incorporada às Forças Armadas, em 1969. Sua função era coibir a agitação social e combater a guerrilha, justificativas políticas para as táticas abusivas. Quando a ameaça política diminuiu, em 1974, a PM passou a cuidar dos crimes comuns, mas continuou recorrendo aos métodos violentos que usavam contra os guerrilheiros. Luiz Eduardo Soares (2000, p. 38) destaca que, "no âmbito da modernização conservadora, as polícias sempre foram as disciplinadoras e exploradoras dos grupos subalternos. Todos sabemos que a tortura só se tornou tema da agenda pública quando atingiu as camadas médias".

A invasão de favelas, a prisão por vadiagem daqueles que não apresentam documentos e a cobrança de dinheiro ou droga para evitar determinadas prisões viraram rotina. Tudo isso resultou numa total falta de confiança nas forças policiais. Muitas vezes, os favelados preferem a omissão do Estado a quando este é representado pela segurança pública. As notícias se repetem: "Mais uma suspeita no Alemão: doze fuzis apreendidos por PMs durante operação teriam sido vendidos de volta ao tráfico" (*O Globo*, 14 jul. 2007, p. 14), "A indignação do comandante" (*O Globo*, 15 jul. 2007, p. 14), "Desvio de fuzis: 500 PMs poderão depor" (*O Globo*, 16 jul. 2007, p. 16). Diariamente, encontramos narrativas sobre corrupção e maus procedimentos policiais de forma geral nas páginas desse jornal, que demonstra, em quase sua totalidade, uma forte descrença na Polícia Militar. A publicação da declaração de um policial civil que fez parte da operação e não quis ser identificado representa bem essa questão:

> Tanto as metralhadoras antiaéreas, armas de guerra, como os fuzis foram apreendidos por nós. Chamou a nossa atenção que, do lado da PM, nenhum fuzil fosse apreendido. A maioria das cápsulas recolhidas na área do confronto era de fuzil. (*O Globo,* 14 jul. 2007, p. 14)

Além disso, na mesma página encontra-se uma retranca "Relembre outros casos", que recupera inúmeros casos de desvios da PM desde a década de 1990. Entretanto, verificamos que Leeds (2003, p. 244) não isenta a Polícia Civil desse processo, quando afirma que "a Polícia Militar e Polícia Civil atuam como forças corruptas e repressivas que geralmente perseguem e matam em vez de proteger".

Para Elizabeth Rondelli, os fatos jornalísticos violentos que escandalizam por sua crueldade repercutem, sobretudo, pelo questionamento de outros segmentos que corroboram sua existência. Para a autora, os criminosos brasileiros podem ser poderosos, mas não lutam, como em outros países, em nome de ideais políticos, étnicos ou religiosos, nem têm discursos articulados sobre suas ações. O que se identifica é uma notória dissolução do tecido social. Entre vários exemplos, a autora cita as chacinas dos presidiários do Carandiru, dos meninos de rua da Candelária e o massacre de trabalhadores sem-terra em Eldorado pela Polícia Militar. As fortes imagens marcaram o imaginário coletivo e deram visibilidade a esses conflitos, promovendo debates sobre os direitos humanos. Com isso, "a violência aparece não só como mero fenômeno de agressão física, mas também como linguagem, como ato de comunicação" (Rondelli, 2000, p. 147). São atos produtores de sentidos sociais e discursos que circulam no cotidiano, determinando a vida social.

Em 8 de julho de 2007, *O Globo* dedicou duas páginas inteiras a uma cartilha, de 50 páginas, encontrada numa das operações policiais no Complexo do Alemão: "O manual de guerrilha do tráfico: livro achado no Alemão mostra como montar explosivos, atacar blindados e praticar atentados". Esse título está sob a rubrica "A guerra do Rio", que há anos enuncia e aponta para o que vai ser narrado: os conflitos entre o tráfico de drogas e policiais nas favelas cariocas, conforme nos explica Felipe Botelho Corrêa (2008, p. 37):

> Em 2003, quando os EUA invadiram o Iraque, em busca de armas de destruição em massa, e promoveram uma guerra, o jornal *O Globo* noticiava o assassinato de uma adolescente em uma estação de metrô na Tijuca, bairro carioca. Lado a lado, dois títulos pareciam querer contaminar o contexto

de cada um: "A guerra de Bush" e "A guerra do Rio". A expressão relacionada à violência urbana era uma clara alusão à guerra que o presidente norte-americano declarou naquele mesmo ano. Dois conflitos com características diferentes eram colocados quase como equivalentes.

A rubrica remete a outra bem parecida, usada em 1948, que reunia uma série de artigos publicados pelo então jornalista Carlos Lacerda, que defendia a "Batalha do Rio de Janeiro" ou a "Batalha das favelas", campanha que fazia parte de um movimento antifavelas. O tema circulou pelos jornais *Correio da Manhã*, *O Globo*, *Diário da Noite* e *Tribuna da Imprensa* cobrando do governo soluções para o problema chamado favelas, tidas como "'reservatório de germes' (potencialmente mais perigosos do que uma bomba atômica), 'trampolins da morte', devido aos desabamentos" (Zaluar e Alvito, 2003, p. 14). A palavra "guerra" representa uma intensificação de confrontos que parece não ter fim e também sugere uma justificativa simbólica para que ações ilegais se estabeleçam. A foto que compõe a reportagem abaixo apresenta policiais atrás de blocos de concreto, entrincheirados, apenas com o rosto e a arma do lado de fora, como se estivessem num *front*.

PMs usam barricadas de concreto para se proteger

Na Linha Amarela e em acesso à Avenida Brasil, policiais da segurança do Pan ficam atrás de barreiras 24 horas por dia. (*O Globo*, 11 jul. 2007, p. 19)

Voltando ao manual, as estratégias de ataques a helicópteros e carros blindados policiais, o dia 21 traz a notícia de que "Tiro do tráfico teria atingido helicóptero da FAB: aeronave estaria sobrevoando a Vila Cruzeiro, onde havia um confronto entre bandidos e policiais militares". A aeronave teve de fazer um pouso forçado. A mesma reportagem informa que o caveirão (carro blindado ocupado pelo Batalhão de Operações Especiais da Polícia Militar – Bope) também foi atingido por tiros e teve sua bomba d'água danificada. As narrativas sobre o manual se repetem no dia 9: "Ex-paraquedista era o instrutor do tráfico", e no dia 10: "Traficante tem mais seguranças que presidentes: maior que as de Bush e Lula, escolta do chefe da venda de drogas no Complexo do Alemão conta com 38 homens". As matérias informam a quantidade de seguranças que acompanha, em eventos, o presidente George W. Bush, o presidente Luiz Inácio Lula da Silva, o governador Sérgio Cabral e o prefeito César Maia, dizendo que "todos esses efetivos juntos, no entanto, são menores que a segurança pessoal do chefe do tráfico do Complexo do Alemão, Antônio José Ferreira, o Tota" (*O Globo*, 10 jul. 2007, p. 19). Na mesma página, mais um título enfatiza que "Outras favelas podem estar usando manual". A informação de que um chefe do tráfico tem mais seguranças do que presidentes da República e de que as demais favelas também estão se especializando gera representações que disseminam o medo por meio da espetacularização da violência.

Todos comentavam a descoberta do manual e a escolta do chefe do tráfico. Ao poder que a violência tem de invadir as conversas do dia a dia e os discursos midiáticos, Caldeira (2000, p. 9) chama de "fala do crime" – narrativas cotidianas sobre o tema violência que, apesar de parecerem um enfrentamento do problema, acabam por proliferar o medo, produzindo segregação social e espacial. Tal dinâmica reorganiza simbolicamente um universo perturbado não só pelo aumento da criminalidade, mas por outros processos que afetam a sociedade, como a democracia, a política e a inflação. A fala do crime generaliza e simplifica questões complexas ao dividir o mundo em bem e mal, além de criar estereótipos de pessoas não desejadas, os quais circulam e se reproduzem, contribuindo para o aumento da discriminação social. Segundo Caldeira, o resultado foi o desenvolvimento de duas novas modalidades de discriminação: a segurança pública e a reclusão voluntária de grupos sociais em enclaves fortificados, processos que estão transformando a noção de público e de espaço público. A autora entende que as narrativas ajudam a proliferar o medo e servem como mediadora da violência.

Fragmentadas e repetitivas, elas estimulam preconceitos que reforçam as desigualdades. Os relatos são comparados por Certeau (1994, p. 199) aos meios de transporte coletivo: "todo dia eles atravessam e organizam lugares; eles os selecionam e os reúnem num só conjunto; deles fazem frases e itinerários. São percursos e espaços". Nesse sentido, as narrativas criam mapas simbólicos dos lugares, que acabam por guiar a circulação pelos espaços. Quando o noticiário informa que determinadas ruas são perigosas, mudamos o itinerário. E assim os relatos que disseminam o medo organizam os caminhos e norteiam nosso percurso pelos espaços da cidade. A repetição de histórias e a ordem simbólica engendrada na sua linguagem separam e discriminam grupos, deslegitimam o poder público, legitimam a privatização da justiça e os meios ilegais de combate à violência. Exemplificando tal discriminação e suas consequências, a matéria do dia 7 publica: "Violência causa empobrecimento em favelas: estudo mostra que o medo tem reduzido as chances de desenvolvimento econômico e social de moradores do Vidigal", conforme revela a pesquisadora[4]:

> As moradoras de favelas sofrem preconceito no mercado de trabalho, estão deixando de estudar à noite por medo e também perdendo laços de amizade, pelo clima de desconfiança criado pela violência. (*O Globo,* 7 jul. 2007, p. 25)

4. O estudo foi realizado pela economista Larissa Martins, da Universidade Federal Fluminense, no Morro do Vidigal. A pesquisa foi feita com base no conceito de privação de liberdade, do Nobel de Economia Amartya Sen (criador do índice de desenvolvimento humano, o IDH). O Vidigal foi escolhido por ser a comunidade pobre com melhor situação econômica da cidade, com renda média de dois salários mínimos. Foram entrevistadas somente mulheres, por serem as mães que permanecem com os filhos quando as famílias se desfazem. De acordo com a pesquisa, mais de 60% das moradoras disseram ter medo de sair de casa, 66,7% afirmaram ter mudado seus hábitos e rotinas em decorrência da violência, 65,2% já perderam algum amigo ou conhecido em tiroteio e 69,7% declararam que a insegurança está destruindo as relações de amizade na favela. Para 80% das entrevistadas, a pior característica da comunidade está associada à convivência com o medo e a violência (*O Globo*, 7 jul. 2007, p. 25).

A combinação de medo e violência altera o cotidiano e produz mudanças sociais, gerando novas formas de discriminação e segregação, que encontram seu lugar mais confortável na reconfiguração do espaço urbano. A mídia, por sua vez, legitima o que Philippe Joron (2006, p. 129) chama de um "espírito de violência", que atinge a todos e incentiva o desenvolvimento de estratégias de proteção, bem como suscita preocupações de ordem étnica que estimulam preconceitos e referências negativas aos já marginalizados. Para o autor, os fatos de violência que se inscrevem no cotidiano urbano e atingem e transformam os hábitos da população, sugerindo novos tipos de sociabilidade, oferecem-se à mídia como uma fonte inesgotável de produção jornalística, pois a violência é extremamente comunicativa.

Sobre o papel efetivo dos meios de comunicação de massa no agravamento da violência, Sodré (1992) diz que as pesquisas de opinião feitas por especialistas e pela própria imprensa são importantes, mas não conclusivas. Quando a mídia mostra o Rio de Janeiro como um paraíso tropical onde se trabalha pouco e se ganha muito, ou incentiva o consumo para a população de baixa renda, por exemplo, desencadearia frustrações e violência. Essas observações, que pressupõem uma alienação do sujeito pela publicidade e pelos meios de comunicação de massa, obviamente devem ser problematizadas, pois certamente não são as únicas constituintes do aumento da violência, às vezes considerada resposta espontânea a uma ordem manipulatória. Pensar dessa forma afina-se com o modelo tradicional da realidade "verdadeira", representada por "mecanismos produtores de sentido, consciente e uno, distinto do objeto" (Joron, 2006, p. 18), sem reconhecer o que Sodré chama de modelo da telerrealidade – inserção de telas, vídeos, automatizações que passou a organizar a vida cotidiana e substituiu velhas representações. Esse modelo possibilitou a equivalência entre sujeito e objeto mediante uma forte interatividade. Para o autor, a cultura transnacional do espetáculo, como o cinema e a televisão, representa, muitas vezes, poderosas empresas e provoca impactos ideológicos na cultura e na educação. Mas acreditar que o grande vilão dessa discussão é o conteúdo veiculado na mídia simplifica sobremaneira o estudo sobre violência, uma vez que, do mesmo modo que as pessoas absorvem as representações, também criam mecanismos e estratégias contra a passividade.

Considerações finais

Inspirados em Edgar Morin (2005), conhecemos reflexões que provocam um excitante conflito. Sabemos que durante uma pesquisa a preocupação é nossa companheira, pois trabalhamos com a tarefa nada fácil de conviver com a ambiguidade, a contradição e a incerteza. Mas essa complexidade é exatamente o desafio que o pesquisador quer vencer com sucesso. Apesar de tudo, o autor nos acalma, já que afirma que podemos produzir uma contextualização com várias "pitadas" de subjetividade. Parece que a viagem em busca da dialógica razão-paixão é interminável. E não queremos que termine.

As representações conferem papéis aos homens, que procuram oportunidades e estímulos na cidade. Esses discursos, que têm ampla visibilidade, nomeiam e classificam as práticas sociais, produzindo significados. Durante o Pan no Rio, o jornal *O Globo* apresentou uma cidade com mil faces. A violência nas ruas, o enfrentamento da polícia com os traficantes nos morros cariocas e a vitimização da população continuaram em evidência, convivendo com outras representações que ofereceram um Rio seguro e feliz. Ao analisar a seção "Cidade dos medos", identificamos o estabelecimento de uma fronteira simbólica entre morro e asfalto, bipolaridade engendrada em representações que disseminam o medo e estimulam o preconceito. O conceito de cidade partida vem sendo problematizado e combatido em virtude de uma multiplicidade de redes e canais que se expressam no campo da cultura, solidificando uma nova visão da favela.

A mídia parece ignorar essa proposta e raramente atribui novos significados a esse espaço, pois a amostra analisada não apresenta matérias sobre produção cultural, consumo de bens e serviços ou sobre qualquer outro tema ligado à favela que não tenha a violência como foco principal. Uma força que cria espaços de articulação intercultural se firma cada vez mais na cidade, conforme afirmam João Maia e Juliana Krapp (2005), que alertam para o surgimento de novos agentes culturais nascidos e criados em comunidades populares. São movimentos que impõem reflexões sobre o Rio de Janeiro e imprimem uma cartografia original para repensá-lo. A favela não pode mais ser entendida como um espaço à margem da cidade, pois ela é a própria cidade.

Referências bibliográficas

Bauman, Zygmunt. *Modernidade líquida*. Rio de Janeiro: Zahar, 2001.

_____. *Comunidade: a busca por segurança no mundo atual*. Rio de Janeiro: Zahar, 2003.

_____. *Medo líquido*. Rio de Janeiro: Zahar, 2008.

Caldeira, Teresa Pires do Rio. *Cidade de muros: crime, segregação e, cidadania em São Paulo*. São Paulo: 34/Edusp, 2000.

Canevacci, Massimo. *A cidade polifônica: ensaio sobre a antropologia da comunicação urbana*. São Paulo: Nobel, 1993.

Certeau, Michel de. *A invenção do cotidiano 1: artes de fazer*. Petrópolis: Vozes, 1994.

Contrera, Malena Segura. *Mídia e pânico: saturação da informação, violência e crise cultural na mídia*. São Paulo: Annablume/Fapesp, 2002.

Corrêa, Felipe Botelho. *Imaginários do medo: imprensa e violência urbana*. 2008. Dissertação (Mestrado em Comunicação Social), Pontifícia Universidade Católica do Rio de Janeiro, Rio de Janeiro (RJ).

Fortuna, Vania Oliveira. *O Rio que nós queremos: o efeito Pan nas representações midiáticas da violência urbana*. 2009. Dissertação (Mestrado em Comunicação), Universidade do Estado do Rio de Janeiro, Rio de Janeiro (RJ).

FREITAS, Ricardo; NACIF, Rafael (orgs.). *Destinos da cidade: comunicação, arte e cultura.* Rio de Janeiro: Eduerj, 2005.

JORON, Philippe. "A comunicação sacrificial". *Famecos: Mídia, Cultura e Tecnologia*, Porto Alegre, n. 29, abr. 2006.

LEEDS, Elizabeth. "Cocaína e poderes paralelos na periferia urbana brasileira: ameaças à democratização em nível local". In: ZALUAR, Alba; ALVITO, Marcos (orgs.). *Um século de favela.* Rio de Janeiro: FGV, 2003.

LYPOVETSKY, Gilles. *A felicidade paradoxal: ensaio sobre a sociedade de hiperconsumo.* São Paulo: Companhia das Letras, 2007.

MAIA, João; KRAPP, Juliana. "Comunicação e comunidade: novas perspectivas das sociabilidades urbanas". In: FREITAS, Ricardo; NACIF, Rafael (orgs.). *Destinos da cidade: comunicação, arte e cultura.* Rio de Janeiro: Eduerj, 2005.

MORIN, Edgar. *O método 6: ética.* Porto Alegre: Sulinas, 2005.

OLIVEIRA, Jane Souto; MARCIER, Maria Hortense. "A palavra é: favela". In: ZALUAR, Alba; ALVITO, Marcos (orgs.). *Um século de favela.* Rio de Janeiro: FGV, 2003.

RONDELLI, Elizabeth. "Imagens da violência e práticas discursivas". In: PEREIRA, Carlos Alberto Messeder *et al.* (orgs.). *Linguagens da violência.* Rio de Janeiro: Rocco, 2000.

SOARES, Luiz Eduardo. "Uma interpretação do Brasil para contextualizar a violência". In: PEREIRA, Carlos Alberto Messeder *et al.* (orgs.). *Linguagens da violência.* Rio de Janeiro: Rocco, 2000.

SODRÉ, Muniz. *O social irradiado: violência urbana, negrotesco e mídia.* São Paulo: Cortez, 1992.

ZALUAR, Alba; ALVITO, Marcos. "Introdução". In: ZALUAR, Alba; ALVITO, Marcos (orgs.). *Um século de favela.* Rio de Janeiro: FGV, 2003a.

_____. "Crime, medo e política". In: ZALUAR, Alba; ALVITO, Marcos (orgs.). *Um século de favela.* Rio de Janeiro: FGV, 2003b.

Os autores

Janete da Silva Oliveira é graduada em Relações Públicas (1994) e em Ciências Econômicas (1989), com especialização em Pesquisa de Mercado e de Opinião Pública, além de mestre em Comunicação Social pela Universidade do Estado do Rio de Janeiro (2004). *E-mail*: janete.oliveira@globo.com

Layne do Amaral Pereira é mestre em Comunicação Social (Cultura de Massa) pela Universidade do Estado do Rio de Janeiro (2007) e especialista em Análise de Sistemas pela mesma instituição (1994). *E-mail*: laynepemail-1@yahoo.com.br

Luiz Eduardo Neves Peret é jornalista, mestre em Comunicação pela Faculdade de Comunicação Social da Universidade do Estado do Rio de Janeiro e supervisor técnico do Laboratório de Comunicação Integrada do Departamento de Relações Públicas da mesma instituição. *E-mail*: leperet@gmail.com

Mônica Sousa é mestre em Comunicação pela Universidade do Estado do Rio de Janeiro e professora da Faculdade do Sul-fluminense de Volta Redonda. *E-mail*: sousamonica@hotmail.com

Rafael Nacif de Toledo Piza é mestre em Comunicação pela Faculdade de Comunicação Social da Universidade do Estado do Rio de Janeiro (2008). Especialista em Gerenciamento de Projetos com MBA pela Escola de Pós-graduação em Economia da Fundação Getúlio Vargas do Rio de Janeiro (FGV/RJ, 2002), é graduado em Comunicação Social pela Uerj (2000). *E-mail*: rafaelnacif@gmail.com

Ricardo Ferreira Freitas é pós-doutor em Comunicação pelo Ceaq/Sorbonne e doutor em Sociologia pela Universidade Paris V/Sorbonne. Mestre em Comunicação pela Universidade Federal do Rio de Janeiro, é graduado em Relações Públicas pela Universidade do Estado do Rio de Janeiro. Professor adjunto da Faculdade de Comunicação Social da Uerj, é autor de *Centres commerciaux: îles urbaines de la post modernité* (Paris: L'Harmattan, 1996) e co-organizador de *Por dentro da comunicação interna* (Curitiba: Champagnat, 2009). *E-mail*: rfreitas@uerj.br

Vania Oliveira Fortuna é professora do curso de Comunicação Social da Universidade Veiga de Almeida. Mestre em Comunicação pela Universidade do Estado do Rio de Janeiro, é pós-graduada em Comunicação Empresarial pela Universidade Candido Mendes e graduada em jornalismo pela Universidade Estácio de Sá. *E-mail*: vaniafortuna@gmail.com.

dobre aqui

Carta-
-resposta
9912200760/SPM
Summus Editorial Ltda.
CORREIOS

CARTA-RESPOSTA

NÃO É NECESSÁRIO SELAR

O SELO SERÁ PAGO POR

grupo
editorial
summus

AC AVENIDA DUQUE DE CAXIAS
01214-999 São Paulo/SP

dobre aqui

summus editorial

CADASTRO PARA MALA DIRETA

Recorte ou reproduza esta ficha de cadastro, envie completamente preenchida por correio ou fax, e receba informações atualizadas sobre nossos livros.

Nome:__________ Empresa:__________
Endereço: ☐ Res. ☐ Coml. __________ Bairro:__________
CEP: ______-____ Cidade: __________ Estado: ____ Tel.: ( ) __________
Fax: ( ) __________ E-mail: __________ Data de nascimento: __________
Profissão:__________ Professor? ☐ Sim ☐ Não Disciplina: __________

1. Você compra livros:

☐ Livrarias ☐ Feiras
☐ Telefone ☐ Correios
☐ Internet ☐ Outros. Especificar:__________

2. Onde você comprou este livro?

____

3. Você busca informações para adquirir livros:

☐ Jornais ☐ Amigos
☐ Revistas ☐ Internet
☐ Professores ☐ Outros. Especificar:__________

4. Áreas de interesse:

☐ Educação ☐ Administração, RH
☐ Psicologia ☐ Comunicação
☐ Corpo, Movimento, Saúde ☐ Literatura, Poesia, Ensaios
☐ Comportamento ☐ Viagens, Hobby, Lazer
☐ PNL ☐ Cinema

5. Nestas áreas, alguma sugestão para novos títulos?

____

6. Gostaria de receber o catálogo da editora? ☐ Sim ☐ Não

7. Gostaria de receber o Informativo Summus? ☐ Sim ☐ Não

cole aqui

Indique um amigo que gostaria de receber a nossa mala direta

Nome:__________ Empresa:__________
Endereço: ☐ Res. ☐ Coml. __________ Bairro:__________
CEP: ______-____ Cidade: __________ Estado: ____ Tel.: ( ) __________
Fax: ( ) __________ E-mail: __________ Data de nascimento: __________
Profissão:__________ Professor? ☐ Sim ☐ Não Disciplina: __________

Summus Editorial
Rua Itapicuru, 613 – 7º andar 05006-000 São Paulo - SP Brasil Tel.: (11) 3872 3322 Fax: (11) 3872 7476
Internet: http://www.summus.com.br e-mail: summus@summus.com.br